西條剛央
「ふんばろう東日本支援プロジェクト」代表
早稲田大学大学院（MBA）専任講師

人を助けるすんごい仕組み

ボランティア経験のない僕が、日本最大級の支援組織をどうつくったのか

ダイヤモンド社

はじめに

——なぜ、こんなことになってしまったのだろう？
——あの人は、どうすれば助かったのだろうか？
——何か自分にできることはないのだろうか？
——今後どうしていけばいいのだろうか？

この本は、3・11以降、心のどこかにそうした想いを抱いているみなさんに向けて書かれた本です。

あの日、1000年に一度と言われる超巨大地震と、誰もが想定していなかった巨大津波によって1万9000人以上の方が死亡・行方不明となり、「遺体が見つかったただけよかった」と言わねばならないほどの、深い哀しみに包まれました。そして、原子力発電所の事故によってたくさんの人が故郷に戻ることすらできなくなりました。

仙台出身の僕は、おじさんが行方不明の中、南三陸町に入り、報道をはるかに超える惨状に言葉を失いました。そして、自治体や拠点避難所には物資が山積みになり、受け入れを断る中で、小さな避難所には物資が届いていない状況を目の当たりにして、大きな衝撃を受けました。

大切な人や街、すべてのものを失った人たちが、さらなる苦境に追い込まれていたのです。

なんとかしなければ――。

しかし――、沿岸部は東京～大阪間に匹敵する400㎞の広域にわたって壊滅している。被災自治体も機能を奪われている。個人で物資を運んでもあまりにも微力だ。いったい、どうすればよいのだろうか？

――全国の一人ひとりの力を活かす仕組みをつくるしかない――。

そうしてその翌日、「行政を通さずに必要としている人に必要なものを必要な分だけダイレクトに届ける」ことを可能にする、ある仕組みをつくりました。

すると、驚くべきことに、現地で聞いてきた必要物資が24時間以内にすべて届けられたのです。やはり全国には「何か自分にできることはないのだろうか……」と思っていた、たくさんの人たちがいたのです。

こうして「ふんばろう東日本支援プロジェクト」（以下、「ふんばろう」）が誕生しました。

この仕組みは、多数のプロジェクトを生み出しながら、瞬く間に広まっていきました。

2012年1月時点で、この物資支援の仕組みを通して、約3000か所以上の避難所、仮設住宅、個人避難宅を対象として3万5000回以上、15万5000品目に及ぶ物資支援を成立させました。加えて、アマゾンの「ほしい物リスト」の仕組みを導入することで、さらに総数2万4000個以上の物資支援を実現しました。

また、「家電プロジェクト」では、日本赤十字社や行政の支援を受けられない個人避難宅、借り上げアパートなどを中心に、冷蔵庫、洗濯機、掃除機、炊飯器、テレビ、ソーラーランタン、扇風機、アイロン、ミシン、ストーブ、コタツ、ホットカーペットなどを、2万5000世帯以上の家庭に届けることができました。

その他にも、「ガイガーカウンタープロジェクト」「重機免許取得プロジェクト」「漁業支援プロジェクト」「おたよりプロジェクト」「ハンドメイドプロジェクト」「給食支援プロジェクト」「PC設置でつながるプロジェクト」「ミシンでお仕事プロジェクト」「いのちの健康プロジェクト」「学習支援プロジェクト」「エンターテイメントプロジェクト」「就労支援プロジェクト」「手に職・布ぞうりプロジェクト」「うれしいプロジェクト」など多数のプロジェクトを立ち上げ、大きな成果を挙げてきました。

さらに、岩手、宮城、福島といった被災地3県の前線支部に加えて、名古屋、大阪、京都、神戸、岡山、山口などの後方支援支部も立ち上がり、現在ではフェイスブック登録者だけで1900人を超えるボランティアスタッフを擁する日本で最大級の支援プロジェクトへと成長しました。

しかし、僕は被災地支援の専門家でもなければ、関連するNPOで活動してきたわけでもありません。早稲田大学大学院のMBA課程で心理学と哲学を教える一教員にすぎず、いわゆる**ボランティアをするのも初めて**でした。

ではなぜ――、このような大規模なプロジェクトを展開できたのか？

それは、僕が「構造構成主義」という理論をつくっていたことと深く関係しています。

ぶつけたら頭から血が出そうな堅い名前ですが、そのエッセンスは極めてシンプルで、あらゆる事象にしなやかに対応するための考え方となっています。

そのため、構造構成主義は医学、看護学、作業療法、理学療法などの医療分野をはじめとして、心理学、教育学、歴史学、社会学、文学といった多くの分野に導入されています。

そして、今回、期せずして、誰も体験したことがなかった未曾有の災害においてその真価を発揮することになりました。

実践とほど遠いように見える理論が、なぜ、そうした極限の状況で役立つことになったのか――。

それは、構造構成主義は、固定的な方法が役に立たないような、まったくの未知の状況、変化の激しい環境において、ゼロベースでその都度有効な方法を打ち出していくための考え方だからです。また、信念対立を解き明かす考え方でもあるため、対立に足を取られることなく、物事を建設的に前に進めていきやすくなります。

時代の変化はかつてないほど速くなっており、そのスピードは加速し続けています。そうした動的時代に突入した現代社会の荒波を乗り切るには、時代や文化を超えて、その都度適切な舵取りをしていくための指針となる考え方が必要不可欠となるのです。何が起きてもおかしくない時代には、何が起きてもその都度対応できる**「無形の型」というべき構造構成主義**が、そうした思考と実践の拠りどころとなるでしょう。

また、「ふんばろう」はツイッター上で立ち上がり、急速に広まりました。そして、フェイスブックによって動きながら拡大する組織を運営することが可能になりました。

立ち上げて間もなく、ツイッターを通して、津田大介さん、岩上安身さん、GACKTさんといった10万単位のフォロワーのいる著名人とつながることで広く周知されました。

また、猪瀬直樹東京都副知事、野田義和東大阪市長、平松邦夫前大阪市長、柿沢未途衆議院議員、小泉龍司衆議院議員、辻元清美衆議院議員といった行政や政治の指導者とつながったことで、実現したこともたくさんあります。

特に、糸井重里さんに「西條さんとつながってください」と多くのツイートが届いたことがきっかけとなり、糸井さんとの対談が「ほぼ日刊イトイ新聞」（以下、「ほぼ日」）で「西條剛央さんの、すんごいアイディア。」として7回にわたって連載されたことは、プロジェクトの普及とボランティアスタッフの充実の両面において、最も大きな影響がありました。

このようにこのプロジェクトは、構造構成主義という原理をバックボーンとし、ツイッター、フェイスブックといった媒体によって、多くの人たちの「被災された方々のために自分にできることをしたい」という想いが具現化したもの、と言うことができます。

「ふんばろう東日本支援プロジェクト」のスキームは、今後世界各地で起きる災害の支援モデルとして役立つポテンシャルを備えていると言えるでしょう。

そこで、本書では、東日本大震災の経験をもとに、どのような難題をクリアするために、どのように支援の仕組みをつくり、プロジェクトを運営していったのかを具体的に示しながら、できる限りわかりやすく伝えていきたいと思います。


ページをめくっていただければわかるように、本書の第1章〜第4章までは、僕の体験を内側の視点から、進行形で綴った物語になっています。第5章は「ほぼ日」に掲載された糸井さんとの対談を、僕の視点から編み直したもので、それまでの章の解説にもなっています。第6章では、夏から冬にかけて、被災地支援プロジェクトがたどった変遷を描きながら、どのようにして一切の給料を払うことなく、多数のプロジェクトを運営していくことを可能にしたのか、そのノウハウを論じています。そして第7章は、一戦必勝を続けるための「無形の型」の組織づくりの秘訣について述べています。

第8章では、この支援活動を通して学んだことから、今後起こりうる震災に対する新たな仕組みや支援活動のあり方、そして行政や日本社会への提言をまとめています。

未曾有の大震災に際して機能した、深く強い考え方を身につけることは、これからの時代を生き抜くための強力なツールになることでしょう。本書が、みなさんがしなやかにたくましく生きていくためのお役に立てれば幸いです。

そして、本書が被災地復興の一助になることを祈っています。

２０１２年１月

「ふんばろう東日本支援プロジェクト」代表
早稲田大学大学院（ＭＢＡ）専任講師
西條　剛央

人を助けるすんごい仕組み
――ボランティア経験のない僕が、日本最大級の支援組織をどうつくったのか

目次

第 1 章

絶望と希望のあいだ
——南三陸町レポート

誰にでも、胸に刻まれた忘れられない日はある。

それは大好きな人の誕生日だったり、子どもが生まれた日だったり、大切な人が突然亡くなった日だったりする。

そして、3・11は多くの人にとって、忘れられない日となった。

僕も、あの日に起きた出来事を、死ぬまで忘れることはないだろう。

3・11のはじまり

とんでもないことが起きてしまった……。

そう思いながら足早に歩く。JR目黒駅に通じる大通りに出る。

人々は何事もなかったかのように通りを歩き、目の前にある雑貨屋も通常どおり開店している。

しかし、すでに客が乗っていないタクシーはどこにも見当たらない。

「なぜみんな普段どおりにしているんだろう……これはとんでもないことになるぞ……」

10分ほど駅と反対側に歩くと、「空車」の赤文字が浮かぶタクシーが見えた。逃すわけにはいかない。タクシーにかけ寄り、運転手に見えるように大きく手を挙げた。

その少し前、僕はある治療室にいた。

１週間前、首を痛めたため、友人の北川さんから凄腕の鍼灸師がいると紹介された治療室に来ていたのだ。そして施術を受け始めたときに、建物を不気味に軋《きし》ませながらあの揺れが襲ってきた。

僕は施術台に横になったまま、周囲を冷静に確認し、上に倒れてきそうなものはないし、5畳ほどの狭い部屋で柱が多くて3階建ての3階だから、万一この建物が潰れたとしてもこの部屋は大丈夫だろうと思った。地震が来たときには、その場所が安全な場所かどうかを確認して、ここが潰れたら他のところにいても同じだと思えたら、焦っても意味がないと思い定める習慣がついていた。

しかし――いつもと違い、揺れはやまなかった。

それどころか、地面を震わす不気味な音とともに、揺れはさらに大きくなっていったのだ。

「これはついに来たか……」

立ち上がるや、出口付近で倒れそうになっているロッカーを押さえながら、ドアを開けて出口を確保する。

施術者の先生も周囲の物を押さえている。

いつまでも、やまない。

経験したことがない、明らかに異様な揺れだった。

嫌な予感がした。

ちょっと前に、宮城県でそこそこ大きな地震があったからだ。

もし、あれが予震だったとしたら……東京でこの揺れだ、宮城が震源だったらとんでもないことになるぞ……と思った。

何分揺れただろうか。ようやく揺れが収まってきたので、窓を開けると、ビルの窓から外の様子をうかがっている人たちが見える。

下の階から「宮城県震度7です！」と、叫び声に近い声が耳に飛び込んできた。

ビリビリと音が聞こえるように全身に戦慄が走った。

ちょうど先日、仙台市で消防士をやっている兄が「実家は、震度6弱までなら耐えられるが、6強以上なら潰れる可能性がある」と言っていたのだ。

不安が胸を叩いてくる。

これは、潰れたかもしれない。お父さんやお母さんはどうなっただろうか……。一瞬、瓦礫と化した家の下で呻《うめ》いている恐ろしい像《イメージ》が浮かんだが、すぐに打ち消した。とにかく連絡を取らなければ。

携帯はすでにつながらない。下におりていき、固定電話を借りて電話するが、やはりつながらなかった。焦りで手の平が汗ばんでくる。

すると、再び鈍い地鳴りとともに激しく揺れ出した。

先ほどの揺れに勝るとも劣らない、強くて長い横揺れだった。

2人の先生とともに、周囲の物が倒れないように押さえる。

いったい、何が起きているんだ……。

心の中でつぶやく。とにかく、いままで経験したことがない不吉な何かが起きていることだけは確かだった。

東京の家族はおそらく大丈夫だろう。筑波にいる上の妹の家族は、明日開かれる地元の友人の結婚式に出席するために仙台に向かうと言っていたが、どこにいるのだろうか……。仙台の両親や兄の家族は無事だろうか……。

「お願いだからみんな無事でいてくれ……」と心の中で祈った。

すると、妻と下の妹から無事という知らせが届いた。

安堵感が広がり、大きく息を吐く。

しかし、他の家族とは依然として連絡が取れなかった。

震度7。

阪神・淡路大震災のように広域にわたって倒壊していたら、自衛隊でもどうにもならないだろう。その場合は、自分で助けにいくしかない。

「帰ります」と言うと、治療室の先生は「無事に帰ってくださいね」とパンと傘を渡してくれた。お礼を言い、「みなさんもお気をつけて」と扉を開け、冷たい外気に足を踏み出した。

どうする？　どうすればいいんだ？

「どうする？　どうすればいい？」タクシーの中では、その問いだけが頭を巡っていた。

妻とツイッターで連絡を取り、品川にある妻の会社に寄って、一緒に家に帰ることにした。会社まで順調にたどり着く。オフィスから出てきた妻は、不安そうな表情を隠さなかった。縦長のオフィスビルは相当揺れて、本棚からはすべての本が飛び出してきたという。かなり怖い思いをしたようだ。

「このまま連絡がなければ、家に帰って準備して、レンタカーを借りて実家に助けにいこう」と妻に話す。妻は真剣な顔でうなずいている。

2人で実家と連絡がつかなかった場合の段取りを話していると、上の妹からメールが届く。

「いま、仙台に向かっていて、茨城で震度6に遭いました。タイミングよく、家族全員サービスエリアで車からおりていたよ。子どもたちは激しい揺れで泣いていたけど。サービスエリアが停電した。お母さんたちとはつながらない。こちらはケガ人なし。お母さんたちは大丈夫だろうか？　仙台の兄たちは？」

どうやらそのまま仙台に向かっているようだ。――そのメールを見て、あとから思えば、幼い子ども2人を連れて、あまりに危険な道のりだったが、そのときは自分の代わりに行ってくれる人がいてくれたことに安堵したのだった。

さらに妹から、「お父さんからも『無事』とだけ書いてあるメールが来たよ」とメールが届き、立て続けに仙台市の消防局に勤める兄から「俺は大丈夫。うちの家族も大丈夫。市内は滅茶苦茶。非常配備」との電報のようなメールが届く。

現地は大変なことになっているようだが、ともかく家族全員の無事が確認できたことで、妻と2人で、「はぁよかった……」と、初めて大きく胸をなでおろした。


しばらくすると渋滞がひどくなり進まなくなったので、歩道がない高架橋の道路だったが、そこからおりて歩くことにした。

途中、義理の母に電話して、妻の家族全員の無事が確認できた。また、実家の両親が無事とわかったのであれば、現状がわからない以上、まずは様子を見たほうがいいだろう、ということになった。

第一京浜沿いの歩道は、たくさんの人が、白い息を吐きながら、足早に歩いていた。それぞれが家族のもとに戻ろうとしているのだろう。一度も見たことがない異様な光景だった。人は不安になるほど家族の顔を見たくなるものだ。気持ちは痛いほどわかった。

家に到着し、玄関を開けると、飾ってあった物が倒れていた。マンションの9階なので、部屋の中はひどいことになっているだろうと覚悟していたが、やはりリビングは、テレビも戸棚も倒れて滅茶苦茶だ。戸棚は壊れて斜めになっていた。もう使い物にはならないだろう。

ところが、不思議なほど気にならなかった。家族の命があったことの前では、あまりにも些細なことだったのだ。自分の書斎を覗くと、本棚から飛び出た書類や本が散乱していた。「ひどいなあ……」と思ったがよく考えると、自分が最高に散らかしているときと、さほど変わりはなかった。一人苦笑した。

ひどすぎる現実の前に募る無力感

テレビをつけると、凍りつくような巨大津波の映像が流れていた。チャンネルを変えると、真っ赤に燃える気仙沼の市街地が映し出される。テロップが流れる。

「国内観測史上最大。マグニチュード８・８。死亡２００人以上。不明数百人」

しかし、そんなものですむわけがないのは、素人目にも一目瞭然だった。

「原発は緊急停止」

「海岸線を走る仙石線の石巻発上り列車が連絡つきません」

現実とは思えないようなニュースが次々と流れ、僕らはそれをしびれるように見ていた。

ツイッターでは助けを求めるツイートが拡散していた。

夜、一本の電話が鳴った。

東京にいる従妹からだった。

従妹は「お父さんと、連絡がつかない」と言った。

おじさんの家は仙台市の海岸に近いところにあることを思い出した。

小さな頃、妹同然にかわいがっていた従妹も、いまは結婚してお腹の中には2人目の子どもがいた。ちょうど津波が到達した時間帯に、おじさんから「自分は大丈夫」というメールが来たのが最後の連絡だったと、泣きながら話してくれた。

僕は「連絡がつかないだけできっと大丈夫だよ」と言い続けた。自分にも、言い聞かせていた。

夜更けになっても、揺れは続いていた。


普段なら一つひとつが報道されるような大きな地震も、大通りを通る救急車のサイレンのようにニュース性を失っていった。地面というのは揺れるものなんだと認識を改めざるをえなかった。

原子炉建屋は、突如、爆発した。水素爆発だという。

未曾有の事態が同時に起きたため、誰もが混乱していた。僕も、その一人だった。

ネット上では、みんな必死に何が起きたのか理解しようとしていた。そして、家族や友人の安否を聞いて回っていた。「自分にいま何ができるだろうか……」そればかりを考えていた。有用と思われる情報はリツイートしたが、無力感が消えることはなかった。

翌日、テレビには「仙台市若林区で２００人以上の遺体を発見」とのテロップが映し出されていた。「オリンピックから２００名が帰国しました」といったくらい冷静に報道されているため、一瞬「何を言っているんだろう」と思ったが、次第にその言葉の意味が染み込んでくると、不吉な思いにかられて身震いした。

「これは本当にまずいぞ……」

行方不明のおじさんの家は、その若林区だったのだ。

僕は、巨大な津波が街や車を押し流していく映像に、なすすべもなく飲み込まれていた。

不確かな原発のゆくえ

原発のゆくえはまったくわからなかった。

万一原発が爆発したらどうなるのか。その可能性はどの程度なのか。そもそも原発とはどういう仕組みなのか。

それを聞こうと、師匠の池田清彦先生（早稲田大学教授）に電話した。

池田先生は生物学から科学論、環境問題に至るまで幅広い分野で著書を出している学者だ。僕が日本学術振興会ポストドック研究員時代にお世話になった先生であり、心から尊敬できる人生の師でもあった。

震災後、メールで無事は確認できていたが、電話で話すのは初めてだった。

「ひどすぎるな……」

池田先生が発した言葉は、まず津波についてのものだった。

そう、ひどすぎるのだ。

——国道を走っていく自動車が津波に次々と飲まれている様子が上空から映し出される。あらゆる建物が巨大な無形のブルドーザーに押し込まれるように、バキバキと音を立てて押し流されていく。

家族の安否がわからず、「○○、△△生きててけろー!」と子どもたちの名を叫ぶ男性。家族が生き埋めになった土砂の前で、「このままじゃ私一人になっちゃう……」と泣き崩れる女性——。

そうしてテレビに釘づけになって見入っていると、気持ちが闇の底のほうまで引きずり込まれていった。

いつのまにか涙が頬を伝っている。

あるとき、これ以上見ていたらまずいと気づいてからは、意識的にテレビは見ないようにしていた。

池田先生は、「書かなきゃいけない原稿があるけど、どうもやる気が出ないよな」と言った。確かに、普段の仕事をする気にはどうしてもなれず、春休み中に書き上げるはずの書籍は、２章を書いたところで投げ出されていた。

その後、原発についての池田先生の見解を聞くうちに、原発の基本的な仕組みも含めて、何が起きているのか大枠は理解することはできた。とはいえ、直接事実を確認できない状況において、確たることは誰もわからないことに変わりはなかった。

窓の外には、灰色の雲が静かに流れていた。

「静岡・震度６強」の衝撃

真夜中、ドンという短い縦揺れに飛び起きた。

マグニチュードは小さいにもかかわらず震度3だった。震源は宮城県沖、筑波、長野、そして東京と、不吉な足音を立てて南下していた。これで東京直下型の巨大地震が起きたらどうなるのか――。考えただけで恐ろしいことだった。

その翌日、遅めの夕食を食べていると、フュン、フュン、フュンと携帯電話の警報音が嫌な音を立てて鳴り出した。

揺れが長い。どこかで大きな地震が起きている。

携帯で震源を調べる。

「静岡・震度6強」

戦慄が走った。

ついに東海と連動したか。これは東京にも大きな地震が来る。少なくとも、その可能性は高い。そう思った。

翌日、妹の旦那、つまり義理の弟でもある研究者仲間の友人から電話がかかってきた。仙台に数日滞在したあと、筑波までどうにか帰ってきていたのだ。

某筋の情報によれば、原発はかなり危険な状態で、関東北部の某国立大学の一時閉鎖が決まったという。

彼はその大学に所属している。

専門家が集まる大学が出した決定だ。信憑性は高い情報だった。

受話器の向こうでは、「仙台のお父さんたちにも、念のため東京に来るように言ったほうがいいと思う」と言っている。その声は、いつになく真剣だった。

「……わかった。言ってみる」と言って、すぐに父の番号に電話をかけた。

父が出ると、矢継ぎ早に状況を説明して、念のため一度東京に来るように話した。

最初は渋っていたが、さすがにまずいと思ったのか「わかった」と言って電話が切れた。

ひとまず安堵した。

ところが、再度連絡すると、やはり家でじっとしていると言う。説得したが、父は「親戚を置いて自分たちだけ逃げるわけにはいかない」と言った。

受け入れざるをえなかった。それは当人が何を大事にするかという生き方の問題だからだ。

父が「いざとなったら、いまあるガソリンで行けるところまで北に行く」と言うので、「そうか、わかった。気をつけてね……」と言って電話を切った。

やるべきことはやったから後悔はしない……。

そう、思うほかなかった。

結局は「どう生きるか」という問題

その夜は、ひどく疲れていたが、まったく寝つくことができなかった。

1000年に一度と言われる超巨大地震と巨大津波。原発のゆくえ。両親のこと。おじさんの安否。増え続ける犠牲者。東京直下型地震の可能性。世の中にこれほど情報があふれているにもかかわらず、確かなことは何もわからなかった。

西日本にいるある親友は、「リフレッシュだと思って、西に疎開してくればいいんじゃないか。いつでも歓迎するよ」と言ってくれた。

確かに福島第一原発のゆくえはわからず、明日東京直下型の巨大地震が起きる可能性もある以上、西に一時的に行って様子を見るというのは、リスク管理という観点から考えれば、合理的な選択だった。

他方、ある著名人は、「地震はいつでも起きる可能性があり、原発の影響は東京は大きくないから、東京でいつもどおり働き続けるべきだ」と言っていた。確かに、経済性という観点を重視すれば、それも筋が通っている。

どれも一理ある。が、どれも一理しかない。

結局、どんなに考えても確かなことは何もわからなかった。思考が壊れたレコードのようにぐるぐる回っていた。

ひどく疲れ切って、もういいやと思った。――そしてそのとたん、ひと筋の光が見えた気がした。

「これはどちらがいいかということじゃなく、結局はどう生きるかという問題なんだ」と、何かの啓示のように、鮮明に入ってきたのだ。

情報は集めた。それでも確かなことはわからない。

選択肢はたくさんあるように見えるが、おそらく何度同じ選択を迫られても、自分は同じ選択をするだろう。その意味で、生き方は半分決まっているようなものなのだ。これ以上ジタバタして、「間違いのない答え」を出そうとしても意味はない。

僕は東京で仕事を続けることに決めた。

意志が未来を切り拓き、未来が過去を意味づける

不思議なもので、そう決めてから、初めて長い文章を書くことができた。

ブログに書いたその文章は、次のように締めくくられている。

「この悲惨な出来事を肯定することは決してできないけれども、あの出来事があったからこんなふうになれたのだ、と思うことはできる。それが僕らが目指すべき未来なのだ」

——この文章は、どのような考えに支えられているのだろうか。

起きた出来事は変えられないが、出来事の意味は事後的に決まる——これは**「意味の原理」**と呼ばれる。

たとえば、希望どおりの学校や会社に入ったり、起業が成功して大金を手に入れたりしても、そこですっかり油断して大失敗すれば、その「希望が叶った出来事」は悪い意味を帯びることになる。

逆に希望が叶わなかったり、つらい経験や嫌な思いをしても、そのことをバネに飛躍することができたならば、その嫌なことは、「あれがあったからこそ、こういうふうになれた」という積極的な〝意味〟を帯びる。

意味は事後的に決まる——。このことを踏まえていれば、いいことがあったらそれを純粋に喜びつつも、浮かれすぎないように抑制しやすくなり、嫌な出来事があっても、それがあったからこそこんなふうになれたと思えるように行動しよう、と前を向きやすくなる。

ただし、あまりにもつらい経験をしている真っ最中の人に外部から「どんなことにも意味があるはずです」とか、「これはチャンスなんです」とか安易に言うことは、傷口に塩を塗り込むことにもなりかねないので注意が必要だ。実際、著名人でも震災直後に「これは社会が変わるチャンスなんだ」と言っていた人がいたが、所詮他人事なのだなと僕は思った。

他方で、何でもかんでもポジティブに意味づければいいと考えている人もいるが、未来を切り拓くのはあくまでも〝意志〟の力である。「『あのつらい出来事があったからこそ、こういうふうになれた』と思えるように行動していこう」と強い意志で未来を変えていくことで初めて、過去に起きた出来事にも自然と〝意味〟を見出せるようになるのだ。

意志が未来を切り拓き、未来が過去を意味づけるのである。

しかし、そのように思えるようになるためには、出来事との一定の距離感は必要だ。だから、少し落ち着いてきた頃に、「自分はこう考えるようにしているんです」とさりげなく言うくらいはいいかもしれない。

ともあれ、僕はたまたまそのタイミングで、「あれがあったからこそ、こういうふうになれた、と思えるようにできることをしていこう」と心が定まったのだった。

そうして目指すべき未来が定まった僕は、その日から専門でもある心理学と哲学（構造構成主義）の観点から、疎開論、不謹慎論、原発論といったテーマごとに、毎日一つ、記事を書き続けた。

それらのいくつかは、ガジェット通信やヤフーの記事として掲載されていった。日々明らかになる津波被害の惨状や、不穏さを増す福島原発の前には、あまりにも些細な貢献ではあったが、少しでもできることがあるのは救いだった。

その頃、千葉の浄水場で基準値以上の放射性物質が検知されたというニュースが流れて、都内の店頭から、一時ペットボトルの水がなくなった。そうした混乱の中でも、時間だけは流れていった。

従弟（おじさんの息子）は、父（おじさん）の消息をつかむため、震災翌日に現地入りし、瓦礫の中を捜し続けていた。

しかし、おじさんのゆくえは一向にわからなかった。

消防士の兄から、津波にやられたと思っていた同僚が、震災後５日ほど経って消防局に現れたという話を聞いた。従妹にはその話を伝えて、「被災地は混乱を極めているため、情報が錯綜しているみたいだから、無事でも連絡がないことはあると思うよ」と話していた。

それは一縷《いちる》の希望だった。

その後の情報で、おじさんは、震災当日、午前11時半までは仙台市街地の長町にいたことまではわかった。しかし、その後の足取りはわからなかった。一つの可能性は、仙台空港の道を挟んで北にある倉庫だった。あの日、テレビで空港に津波が押し寄せる様子が流れていたあの場所だ。

考えたくはなかった。たとえそこにいたとしても、逃げているはずだ。

しかしおじさんは、塗装業を営んでいて、元々土地勘もあり、たとえすべてのライフラインが止まっても歩いて帰ってくるような人だ。震災後これほど経っても何の連絡もないのは、どう考えてもおかしなことだった。

何らかの形で津波に巻き込まれたことは間違いないだろう。どこかの病院にいるのかもしれない。

家族は病院も手当たり次第当たっていった。

——それでも、見つからなかった。

10日以上が経過し、行方不明だった人が見つかったという報道も、次第にされなくなっていった。

母の兄で、寡黙だがやさしさが顔ににじみ出ている、大好きなおじさんだった。僕が書いた本も読んでくれて、面白かったと感想を言ってくれた。昨年の結婚式では、満面の笑みで泣きながら祝福してくれた。

それが最後の姿だったのだ――。

ろうそくの灯が消えるように、自分の中の希望はふいに潰《つい》えた。

「おじさんは、もう無理だと思う」と言ったとたん、涙があふれてきた。

妻の目からも涙が伝っていた。

その晩、2人で泣いた。

4人で南三陸町へ

被災地入りが決まったのは、数日前のことだった。

ようやく行くことができる。

——どこか喜んでいる自分がいた。

自分は現地に行きたかったんだなあと思った。「この目で見なければいけない」という確信に似た直感もあった。東京でできることをしていたつもりではあったが、被災地で直接何かの役に立ちたかった。

震災発生から20日ほどになる。おそらく必要最低限の物資は足りているところが多いだろう。生活の質を上げるようなものを買い集める。子どもたちにはお絵描き帳やシャボン玉といった遊び道具。赤ちゃんのための離乳食とおしりふき、紙おむつ。女性には化粧水、ハンドクリーム、リップクリームなどのコスメ系。大人にはお酒とタバコ、コーヒーといった嗜好品。お年寄りには養命酒。その他には下着類、生理用品、ウエットティッシュ等々。

近所の１００円ショップと、同じフロアにある薬局で「被災地に支援物資として持っていきます」と事情を伝えて大量に買い込む。ひととおり買い終わると、１００円ショップの店長さんが僕の目を見ながら、「個人的にポケットマネーでこのくらいのことしかできないのですが、がんばってきてください」と1万円の入った封筒を差し出してきた。支援に使わせていただきます、とありがたくいただいた。

車は、できるだけたくさん物資を積み込めるようにハイエースのバンにした。次々荷物を積み込んでいると、通りすがりの女性が「これも持っていってください」とカイロを一箱差し入れしてくれた。気持ちがうれしかった。みんな自分にできることがあればしたいと思っているんだなと思った。ありがたいことに、義理の母たちも物資をたくさん揃えてくれていた。たちまち車内は満杯になった。

今回の旅のメンバーは4人。

まず僕。2005年に「構造構成主義」という原理論を体系化し、哲学と心理学を専門にしている。ボランティア経験なし。

北川貴英さん。旧ソ連特殊部隊で採用されていた「システマ」という武術の師範をしている。システマは、あらゆる状況と目的に対応するために、できる限り余計なものはそぎ落として普遍性のある原理だけで構成されている点が、構造構成主義ととてもよく似ているのだ。坊主頭に銀行員のような知的な眼鏡をかけており、小柄な身体は武術に必要な筋肉だけをまとっている。年齢は僕より少し下の30代半ばで、飄々《ひょうひょう》とした雰囲気をかもし出している。フリーのライターとしての顔も持っており、ちょうど震災の1週間前に、僕は彼からインタビュー取材を受けることになっていて、その日の朝、インタビューに間に合わないと重い鞄を持って走り出した瞬間に首を痛めたのだった。

それで僕は、北川さんから凄腕の鍼灸師がいると紹介された目黒の治療室で、あの震災に遭遇することになった。そして２０１１年３月下旬、実家の父が近々仙台でもガソリンが手に入りそうだ、と言うので、ツイッターで「仙台に行きたいなあ」とつぶやいたところ、すぐに「ぜひ行くべきです」と言ってくれたのが北川さんだった。それで急遽、一緒に被災地に行くことが決まった。

そして、松前兼一さん。「アイウィルビー」という会社の社長さんだ。年齢は僕よりふた回りほど上で、社長というより、牧師のような人を包み込む包容力を持っている。人と人をつなげることにかけては右に出る人がいないと言われる人だ。僕だけでなく、北川さんもペーパードライバーであることを知った妻が心配してドライバーを探してくれていたところ、「2人が事故でも起こしたら、一生後悔すると思ったから」と、出発前日に運転手に名乗りをあげてくれたのだった。僕は運だけはいいから、なんとかなるだろうと思いつつも、可能性としては余震よりも原発よりも、首都高速で命を落とす危険性が高いだろうと思っていたので、かなりありがたい申し出だった。

そして実家の仙台から先の運転手を務める父、西條鴻志。仙台市で唯一の剥製屋を営んでいる。元ハンターで、船も持っていたので、子どもの頃は、よく無人島やら誰もいない山奥やらに、連れていってくれた。あらゆるところに土地勘がある頼れるナビゲーターだ。

松前さんの運転で東京を出発してから8時間ほどで、仙台市内に入った。市街地は普段と変わらないように見えた。だが、団地のほうに差しかかると、一つのガソリンスタンドに対してガソリンを入れるために並んでいる車の列が、3学区以上にわたり続いていた。夜中、誰も乗っていない車の列が延々と続いているのだ。異様な光景だった。

実家に着いたのは夜中の11時すぎだった。実家の両親は変わらない様子だったので安心した。ライフラインは電気と水道は回復していたが、20日経っても都市ガスは復旧していなかった。携帯ガスボンベをたくさん持っていったが、いつ復旧するかわからない以上、あまり使うわけにはいかない。食事はストーブの上で温めていた。家は浴室の壁が崩れた程度で、他に深刻なダメージはないように見えた。震度6弱の地震に耐えられるのは検証済だから、そのぐらいまでは潰れることはないだろう、と思った。

あの日、家にいた母は、お風呂場の掃除をしていたところ、あの揺れが来たという。母は、「すぐに外に逃げたら、家がぐわんぐわんと揺れていたから、どうやって潰れるんだろうと観察していたのよ〜」と人のいい笑顔のまま言った。

どんだけメタレベルなのだ、と唖然とする僕。逃げ足が速いわりに冷静な母。

その晩、みんなで明日どうするかについて話をしたが、僕の直感は、あえて情報を集めずに行ったほうがいいと告げていた。情報が集まっているところは、すでに支援もたくさん来ているだろう。またテレビでは、すでに物資は足りているかのような報道がなされていたが、そんなわけはない、と思っていた。

南北４００㎞にわたって壊滅しているのだ。物資が行き渡っていないところは必ずある。そんなことは普通に考えればわかることだった。僕らはそういうところに届けにいきたいと思っていたのだ。父が「じゃあ南三陸町に行くか」と言ったひと言で、じゃあそうしよう、と行き先も決まった。

あとは翌日の出発時間を決めて、それぞれが眠りについた。灯油は貴重なので使えない。この時期、実家のボロ屋で暖房なしはかなりきつかった。スノーボードのウエアを着込んで眠ったが、それでも寒くてたびたび目が覚めた。この滞在期間中、なぜか決まって朝の7時頃になると、目覚まし時計のように余震が起きた。震度3くらいでは、気づいていても誰も起きたりはしなかったが。

南三陸町レポート

翌日起きると、母がおにぎりを準備してくれていた。4人で物資が満載になっているハイエースに乗り込み、南三陸町に向けて出発した。

仙台の市街地は、所々道路が段差になっていたり、家の瓦が落ちたりしているが、それ以外は、やはり普段どおりと言ってもいい状態だった。

僕らは南三陸町に向かい、まっすぐ三陸道を北上する。緑に包まれたのどかな風景が続き、なんかこの辺は普通だねえ、なんて言いながら走っていた。

次第に自衛隊車両が増えてきた。どこか物々しい雰囲気になっていく。

「ここから南三陸町」という看板をすぎても、何も変わらないのどかな田舎の風景が続いていた。

――が、ある場所を境に、風景が一変し、すべて〝破壊〟になった。

あちこちに原形をとどめていない車や、家の残骸などが散乱し、船がそこらに転がっている。線路が大蛇の死体のようにねじ曲がっており、トンネルは瓦礫で埋まっていた。

「これはひどい……」と松前さんがうめくように言った。

自衛隊は、あちこちで遺体を捜していた。

しかし、海は、どこにも見えない。見えるのは塩害で茶色に変色した林だけだった。


市街地に入ると、ひたすら破壊し尽くされた風景が目の前に広がっていく。

公立志津川病院の前に差しかかる。病院の玄関の横には、「昭和35年5月24日チリ地震津波水位2・8m」という看板がむなしく瓦礫にもたれかかっている。

「2階、3階まで……」と松前さんが絞り出すような声で言った。

僕も思わず「ここの病院の人は……」とつぶやいた。

「全滅……ほんとに全滅だな……」と父。

歪んだプレス機械にかけられたようにひしゃげた車が灰色の泥や瓦礫の中に埋もれている。

残骸となった街の中で、最近立てられた真新しい電信柱だけが不自然に浮いていた。

「……どこに避難してっかも、全然わかんねーな」と父。

「ここら辺にいないのは確かだよね。津波が来たらまたやられる……」と僕。

車で走り続けるのだが、左右すべて絨毯爆撃にでもあったかのように破壊し尽くされているのだ。

「ひどいですね……」と松前さん。

「ほんとに凄まじいな……」と父。

「滅茶苦茶だ……」と僕。

そんな言葉しか出てこない。

北川さんはずっと押し黙っている。

世界に終わりがあるとしたら、こんな感じなのだろうか。

しばらく上流のほうに走り続けるが、瓦礫はどこまでも続いている。線路の上に傾いた船が乗っかっていた。

「ここ、かなり高いよな」と父。

「ここまで来るなんて、誰も思わないよなあ……」と松前さん。

その後、Uターンして海岸のほうに再び向かったが、破壊し尽くされた瓦礫の街はどこから見ても同じに見えた。

誰も何も言わなくなっていた。


ひとまず海の近くで車を止めた。

瓦礫でできた廃墟の中を、どこへともなく歩いていく。

何もない街というものを、僕らはうまく想像することはできない。

街というのは、多くの生活している人がいて、建物があるからこそ、〝街〟と呼ばれるのだ。

しかし――、そこには何もなかった。

赤、青、黄色といった彩色は、すべて白と黒と灰色で塗り潰されていた。

そして、生活を彩る音がすべて抜き取られてしまったかのように、学校帰りの子どもたちの笑い声も、信号の前で交わされるおばちゃんたちの話し声も、犬の鳴き声も、存在しなかった。ただ、カモメの鳴き声と海風の音だけが虚しく響いていた。

言葉はなかった。

電信柱は割り箸か針金かのように、折れて、たたまれて、転がっている。思わず触って感触を確かめる。絶対に曲がるようなものじゃない。

所々に鉄筋の建物の残骸が残っている。中も瓦礫で埋まっている。

北川さんが瓦礫を乗り越え、ある鉄筋2階建ての建物の中に入っていった。僕もなんとなくついていく。

瓦礫で埋め尽くされた廃墟は、何とも言えない嫌な臭いがした。

廊下らしきところには、およそあらゆる種類の残骸が、積み重なっている。

それを乗り越えて一歩一歩進んでいく。

2階の廊下には、扉の開いた冷蔵庫が転がっている。中にはトウモロコシとマヨネーズが見える。少し前までどこかの食卓で使われていたマヨネーズだ。

キン肉マンの消しゴムやらフィギュアやらが散乱している。きっと好きだった人がいたのだろう。他にもおもちゃがたくさん散乱している。

「これだけ海に近ければ逃げていますよね」と話していたが、もう一方の階段をおりると、北川さんの動きが止まった。

「西條さん、ここ病院みたいっすよ」

北川さんが指した方向には、「待合室」の文字があった。

しばし呆然とする。

逃げられなかった人もいるかもしれない。

足下に、なぜか、鳥の死骸が横たわっていた。

嫌な臭いがした。

外に出る。足下の土を少し削ると床が出てきた。建物があったのだ。何もないと思っていたところにも、すべて人が住んでいたのだ。所々に建物が建っていたのではなく、所々に頑丈な鉄筋の建物だけが残ったのだ。

歩くと、ビデオテープの詰まった缶やアルバムが落ちていた。アルバムには幸せそうな結婚式の写真が見える。ここで幸せな生活を送っていたたくさんの人たちがいたのだ。冷たい手で心臓をつかまれたように、胸が苦しくなった。誰かが、捜しにくるかもしれない——。僕は、触れてはならないような気がして、そっとその場を立ち去った。

リミッターを外すしかない

いつのまにか他のメンバーは、どこに行ったのかわからなくなっていた。携帯に着信があったので見ると、松前さんだった。

電波が悪く、とぎれとぎれでよく聞こえないが、「避難所を案内してくれる人と会った」と言っているので、「じゃあそちらに行きます」と言って、海のほうに向かった。

するとそこには、ハンチング帽をかぶったおじさんが静かな海のように立っていた。松前さんに紹介してもらい、「どうも」と名刺を渡して挨拶をする。名は三浦保志さんという。すぐ近くにあったというお店を見ると、たくさんの漁網を乗せた3階建ての建物が、鉄骨の骨組みだけを残して立っていた。

そして、その鉄骨と瓦礫の建物の前に、黄色い看板が掲げられていたのだ。


「ふんばろう南三陸町　力をあわせ一歩ずつ」


原爆を落とされたかのように破壊し尽くされた灰色の街の中で、唯一目にしたカラーだった。僕はその看板に釘づけになった。

圧倒的な破壊の前で呆然としていた心に、強い決意が染み込んできた。

「すべてを失っても前を向こうとしている人がいる。何も失っていない僕らがやる気になれば、何だってできるはずだ」

本当の勇気とは何か、僕は初めてわかった気がした。

そのとき、自分の中のリミッターは、カチリと音を立てて、完全に外れた。

未曾有の事態には、未曾有の自分になるしかない。

できることはすべてする、その瞬間、そう心に決めたのだった。

三浦さんは、ゆったりした口調で、「大きな避難所には物資が積み重なっていて、持っていっても意味がないから、小さな避難所に届けたほうがいいよ」と言って、案内してくれることになった。

三浦さんの車のあとをついていくと、少し高くなっている道沿いに止まった。よく見ると、避難所の看板が立っていた。小さな板にマジックで書かれている。普通に走っていては見落としてしまうだろう。

物資を見せながら、「こういうのを持ってきたので、どのくらい必要ですか」と聞いて、必要な物資を少しずつおろしていく。おろし終えたら、「お邪魔しました」と言って次の箇所へ。そこでも同じようにおろしていく。

６か所目の避難所にたどり着くと、そこは工場だった。

リーダーの女性に現状を聞くと、近くの個人避難宅には、多くの人が寄り添って暮らしており、その人たちも含めて小さなその避難所には１００人以上の人がいるという。

指定されていた避難所は津波で破壊されたため、工場を避難所として、雪が降りしきる中、毛布にくるまり、肩を寄せ合ってしのいでいたという。

赤ちゃんのおしりふきを渡すと、初めて手に入ったと喜んでいる。さすがに最低限の物資はある程度届いていると思っていたので、僕らは顔を見合わせた。

聞けば、震災以来20日間お風呂にも入れていないので、自分たちの体を拭くのに使うという。リーダーが「ボールペンもこれ1本しかないんです」と言っていたので、北川さんが自分のペンをあげていた。

いてもたってもいられず、「僕らにできることはありませんか？　何か足りないものがあれば用意しますので」と言うと、「みんな津波から逃げてきた人ばかりだから、靴もそのとき履いていた一足しかないんです」と言った。言われてみればそうだなと思う。でも聞かないとわからない。そんなことばかりだった。

僕らは、それらをメモして、「必ず届けます」と約束した。

その後、三浦さんの車についていくと、住宅地で止まった。

どうやら避難者が集まっている個人避難宅のエリアらしい。箱ごと残りの物資を道路におろし、露天商のように並べる。

どこからともなく、子どもたちが集まってくる。

「好きなものをたくさん持っていっていいよ」と言うと、きゃっきゃと声をあげて、塗り絵やシャボン玉セットなど思い思いに持っていった。

電気も水道もない家の2階から、子どもたちがつくったシャボン玉が、風に吹かれてふわふわと浮かんでいた。

疲れが一気に吹っ飛んだ。

みんなやさしい表情で、その様子を見守っていた。

ここまで物資が足りていなかったのか

最後に着いたのは、三浦さんの倉庫があるところだった。そこですべての物資をおろして、近くの人に必要なものを少しずつ持っていってもらった。

すると、一人の初老にさしかかった男性が歩いてきた。

小柄で肌の色は褐色だが、血色はよくない。顔には彫刻のように深いしわが刻まれている。浜なまりから察するに、どうやら漁師さんのようだ。三浦さんの知人らしく、名は佐藤長治さんという。早稲田大学の名刺を渡すと、何かを訴えたいと思ったのか、震災当日からのことをこと細かに語り出した。

ものすごい揺れが来たあと、目の前の海の水がまったくなくなったこと。それを見て、これはただごとじゃないと思い、山の上に逃げたこと。そこから海抜18mはある線路の上を、船が流れてくるのを見たこと。雪が降りしきる中、何度も何度も繰り返し津波は襲ってきて、真夜中に来た大津波が、必死にしがみついていた人たちをさらってしまったこと。

そういった内容のことを、浜なまりの独特のアクセントで静かに話し続けた。

そして、ベイサイドアリーナという大きな避難所には大量に物資が余っていても、自分のところには、賞味期限が2日ほど切れたおにぎりしか届かず、「ベイサイドアリーナでいくら豚汁の炊き出しやったって、どうやって持っていけってや、家族に食べさせらんねえ」と言った。

そうだなと思った。車も何もなくなっているのだ。徒歩で何時間もかかるようなところまで持っていけるわけがない。

昨日、震災後に初めておにぎりとおしんこ以外にサバの缶詰を食べたらしく、「いやあ、おいしかったなやあ」としみじみと言っていた。

テレビでは報じられないが、遺体は手足や首がもげるなど、損傷が激しいと言っていた。確かに、車がどちらが上かもわからないほどにグチャグチャになっていた。あれに乗っていた人がいたならば、ひとたまりもないだろう。

僕らは黙ってうなずきながら、佐藤さんの話を聞いていた。

ショックだった。

報道がすべてではないとは思っていたけど、それどころか、各メディアは、物資が足りているといった真実とは正反対の情報を流していたのだ。それを鵜呑みにはしていなかったが、まさかここまでとは思いもしなかった。

僕らは、何一つわかってはいなかったのだ。

「さかなのみうら」さんと歴史的な握手

案内してもらっているうちに、どこにも顔が利く三浦さんは、多くの人に慕われ、信頼されているのがわかった。「さかなのみうら」で知られる地元の名士らしい、ということもわかった。

自分もすべて流されて大変なのに、物資を「どうぞ」と言って渡しても、「俺はいいよ」と断っていた。ガソリンもないはずなのに、ガソリンの入った携行缶を勧めても、「いらない」と言う。僕らは「案内してもらってガソリンもなくなったのだから、せめてガソリンだけでももらってください」と押しつけるように言って、ようやく少し入れてもらった。

そうした中で、僕はこの人は信頼できると確信していた。七福神の恵比須様のような風貌で、寡黙で余計なことは話さないが、つぶらな瞳は海のように深い。聞けばヤマト運輸の宅急便の集配所が近くで、「さかなのみうら」という名前だけで届くし、必要としている人に配ることもできるという。

「物資は必ず届けます。一緒にふんばりましょう」

そう言って、三浦さんと固く握手をした。握手したりするのは柄ではないのだけど、気がついたらあの不器用な父も含め全員で握手していた。

このとき、**この握手が、日本全体を巻き込む大きな流れを生み出すとは、想像だにしなかった。**ただ、せめて、ご縁のあった南三陸町だけでもなんとかしたい。そう思った。

おそらく、それはみんな同じ気持ちだったろうと思う。そこには、揺るぎない決意がみなぎっていた。

だが――、いったいどうやって物資を集めればいいのか？

物資を満載にして行ってもすぐになくなってしまう。被災地の被害はあまりに広く深い。個人の力では無理だ。どうにかして、全国の力を結集する方法を考えなくては。

――であれば、僕が実家に必要な物資を送るように、全国の人たちに直送してもらうというのはどうだろうか。全国には、被災者のために何かしたいという人たちがたくさんいる。携帯電話も通じる状態にあり、宅配便がかなり近くまで届き始めていた。そして僕らは、ホームページをつくることもできるし、ツイッターも使える。これでいけるんじゃないか――。

そんな考えが、いつのまにか頭の中に浮かんでいた。

ツイッターによる「南三陸町レポート」の広がり

僕らは海岸線や川沿いをたどりながら、仙台の実家に向かった。三陸の起伏ある道沿いを走ると、津波は高さがすべてだということを教えてくれた。低い入り江はことごとく壊滅しているが、少し高いところは、何事もなかったかのように家が立っている。いくつかの集落では、高台のお墓だけが、壊滅した故郷を哀しげに見下ろしていた。

途中、父の連絡のつかない知人のいる雄勝町《おがつちょう》に行こうとしたが、信じられない光景が目に飛び込んできた。巨大な橋が落ちていたのだ。迂回路は遠すぎるので、日を改めることにした。

――のちに、その橋を渡った向かい側に、全校生徒108名中70名が死亡、4名が行方不明（2012年1月現在）、そして教職員11名中10名が亡くなった大川小学校があったことを知る。その辺りは地形が狭くなっており、かつ橋に津波がぶつかって跳ね返ってくる形になり、海岸から4㎞ほど離れているにもかかわらず、20ｍを超える津波が襲ったのだ――。

実家に帰ると、ちょうど消防士の兄が来ていたので、情報交換する。津波が届いたところはどこもひどいことになっていて、遺体捜索の第一陣は形なき遺体が転がっている「地獄」とのこと。現場は、カラスが集まっているところを捜索するなど、凄惨を極めているそうだ。市長は動きが悪く、当たり障りのないことばかり言って何もしないと多くの市民が憤っているという。

「いったい何をやっているんだ……」

かつて感じたことがないほどの憤りが、全身にあふれてきた。

「こうなったら全部やってやる」

その後、実家のコタツにパソコンを置き、南三陸町の惨状をツイッターで発信し続け、ある程度まとまった段階で自分のブログに「絶望と希望のあいだ――南三陸町のレポート」として掲載した（これは2011年4月3日の「ガジェット通信」にも掲載された）。

夜を徹して作業を続けたところ、翌朝の7時に、突如1時間に1000人単位でフォロワーが増えていった。

どうやら友人の加賀谷友典さんが勧めてくれたおかげで、18万人以上（当時）のフォロワーがいる津田大介さんが僕のツイートを読み、「これは読むべき」と拡散してくれたことが引き金になったようだ。

僕は、ありがたい、これでかなりの発信力を持てたことになると思った。

実際、その後のツイッターのリツイート（僕の発信したツイートをコピーして自分が発した情報を受け取るフォロワーに知らせること）ランキングにおいて2位、3位を何十回も記録した。

そして、僕が作業する2m横で、北川さんが実家のパソコンを使い、その日の昼すぎには、「ふんばろう南三陸町」のサイトを立ち上げたのである。

これで新たな支援システムの準備は整った。

構造構成主義の「方法の原理」によれば、方法の有効性は**（1）状況**と**（2）目的**に応じて決まる。そのため有効な方法がなければ、つくればいいのである。通電はしておらずパソコンも使えないが、宅配便が届き、携帯電話もつながるという現地の「状況」を把握したうえで、ホームページとツイッターといったいま使えるツールを組み合わせて、被災者支援という目的を達成するための新たな仕組みを考案した。

それはシンプルなものだった。

――ホームページに、聞き取ってきた必要な物資とその数を掲載し、それをツイッターにリンクして拡散し、全国の人から物資を直送してもらい、送ったという報告だけは受けるようにして、必要な個数が送られたら、その物資に線を引いて消していくのだ――。

そうすれば必要以上に届くこともない。また、仕分ける必要もなければ、大きな避難所や倉庫で物資が滞ることもない。**必要としている人に必要な物資を必要な分量、直接送ることが可能になる。**ツイッターの文面に直接必要なものを書いて拡散する人がいたが、その方法では無限に広がり、物資が充足しても延々と届き続けてしまう。

ツイッターの拡散力と、ホームページの制御力を組み合わせて、新たな支援の仕組みをつくったのである。

そして、驚くべきことに、それから24時間以内に、そこに掲載した物資はすべて送られていたのだ。

こうして、新たな物資支援の仕組みが誕生することになった。——これは当初、先進国の大震災対応型支援モデルという意味をこめて〝Fumbaro Japan Model〟と命名し、のちに３０００か所を超える避難所、個人宅を対象とすることになる。

その日は、仕組みを立ち上げるや否や、仕事のため東京に帰らなければならない松前さんを駅まで送ってから昨日行けなかった雄勝町に向かい、前日と同様に現地で活動し、新たな支援先を開拓してきた。そして、帰ってきてからはひたすら「雄勝町レポート」と「個人で避難所を支援するための方法」をツイッターで発信し続けたのだった。

雄勝町を訪れた翌日、いよいよ東京に帰る日が来た。

わずか３泊４日の活動だったが、あまりに濃密だったため異様に長く感じた。

ふと、仙台に来てから数日間、一度も着替えず、一度も顔を洗わず、歯も磨いていなかったことに気づいた。

「10分あればできることがある、いまの自分にしかできないことがある」という想いに突き動かされているうちに、すっかり忘れてしまっていたのだ。

母は実の兄が行方不明の中、涙一つ見せずにみんなを支えてくれたが、時間がなくてほとんど話すことはできなかった。

帰り際に、「あまり話せなくてごめん」と言うと、「私のことはいいから、みんなのためにがんばりなさい」と言って見送ってくれた。

母にとって実の兄は、自分を育ててくれた人でもある。自分が一番つらいのに……と思うと、母のやさしさが切なかった。

帰路は、北川さんと僕の2人旅だ。

ペーパードライバーが2人、東北自動車道を走っていく。

野焼きをしている人が見える。

白い煙が流れる中、自衛隊車両が、被災地に向かっていった。

第 2 章

「ふんばろう東日本」の拡大とインフラとしてのツイッター、ユーストリーム、フェイスブック

東京に戻ると、早稲田大学大学院のMBA課程の教え子たちに、かつての授業のメーリングリストを使って、「4月5日と6日、この2日間だけでいいから、僕に力を貸してほしい」と協力を呼びかけた。当然2日間ですむわけもないのだが、彼らは各部署のど真ん中に立って、死力を尽くしてくれた。

その他にも、これまで交流のあった友人、知人を中心に、ツイッターでプロジェクトの存在を知った人たちが次々と協力を申し出てくれた。またツイッターで、ロゴやポスター、バナーなどを6種類募集したところ、24時間以内に多くの応募があった。センスといい、技術といい、そのレベルは異様に高く、明らかにプロの手によるものだった。

反響は凄まじく、最初「ふんばろう南三陸町」から始まったプロジェクトは、東北全体に拡張し、「ふんばろう東北支援プロジェクト」になり、さらに東日本全体に拡大して、**「ふんばろう東日本支援プロジェクト」**となった。

この間、わずか数日のことだった。ツイッター上で立ち上がったプロジェクトは、こうして拠点もないいまま、瞬く間に広まっていったのである。

岩上安身さんとの対談

ちょうどその頃、ジャーナリストの岩上安身さんと、インターネット上で中継されるユーストリームでの対談が組まれた。僕の専門の一つ「質的研究法」のワークショップの受講生の一人が岩上さんとつながりがあり、企画を実現してくれたのだ。

急遽決まったその対談に出るために、僕は東京に戻ってきてから久しぶりに家の外に出た。その頃、大学の春休みは大幅に延長されていたため、プロジェクトを軌道に乗せるべくずっと部屋に籠ってパソコンに張りついているか、電話をかけまくっていたのだ。

青山一丁目駅から外に出ると、行き交う人がとたんにおしゃれになる。

世界地図で見れば数㎜も離れていないところに、いまも満足な食料もなく、お風呂にも入れず、体を拭くことすらできない人がいるなんて、悪い冗談のように思えるほど、東京は日常を取り戻していた。

地図を見ながら小道を横に入ると、急に別の空間に来てしまったかのように人がいなくなる。地図にある、小さなビルの階段をおりていく。

そこは写真撮影用のスタジオだった。インターホンを押すと、60代くらいの男性が扉を開けてくれた。このスタジオのオーナーさんらしい。中では、撮影の準備のためにカメラマンが様々な機器を準備している。ゆっくりと周りを見渡していると、扉から岩上さんらしき人が現れた。

初めて会う岩上さんは、本物のジャーナリスト特有の雰囲気をまとっていた。鋼の意志を持ち、幾多の戦場をくぐり抜けた強者という面持ちだ。しかし、その瞳にはゆるやかなやさしさを留めている。

岩上さんは、とてもよい聞き手だった。深い知性と実践に裏打ちされたバランス感覚から紡がれる一つひとつの言葉が僕の言葉を引き出していった。

「『ふんばろう東日本支援プロジェクト』は、支援者が被災者の方に直接送るという点が非常にユニークなところですが、確かに、実家に支援物資を送るのに、わざわざ県や東京や国にあげたりしませんよね。九州や西日本にいる人でも、やきもきしている人も多いと思います。たとえば、昔東北で働いた縁があるから応援したいけれど、手がかりがないと思っていたような人も、こうした仕組みなら使えるわけですね。空間的な距離は関係ないですから」と岩上さん。

「はい、全国から後方支援ができます」と僕。

インターネットの最大の特徴は、距離をゼロにすることができるという点だ。そして、宅配便が届く限り、この仕組みを使えば、日本中どこからでも無理なく支援することができる。

岩上さんは少し考えてから、「後方支援と最前線の作業との共同関係のつくり方ですね」と言った。

「まさにそうです。両方の想いをうまくリンクさせる。被災地に行けば偉いというわけではなくて、行く人は行きたくて行くわけです。そういう人が、『ふんばろう』のホームページからダウンロードしたチラシを配って『ふんばろう』の仕組みを説明していくことで、物資が直接届くようになる。そうやって現地で開拓できる人と、後方から支援できる人がいることで、車の両輪のように機能するようになります」

「西條さんもそうかもしれませんが、前線に行ける人は、いろいろ条件が揃っていないと行けないでしょう。時間があって、行くだけの体力があって、家族の理解もある人しか行けない」

「そうなんです」と僕。

岩上さんのように、現場の最前線にいながら、こうしたバランス感覚を持っている人は、そう多くはない。現場を重視すればするほど、現場至上主義に陥ってしまい、後方支援を軽んじてしまうのだ。

「僕がツイッターなどでよく聞くのは、小さいお子さんのいる母親で、行きたいけれど行けない。それが心苦しいという話です。僕もずっと行けなかったからわかります。でも、この仕組みなら、そういう人の気持ちも届きます」

岩上さんは静かにうなずいている。説明を続ける。

「ここまで大きな災害というのは、先進国が初めて受けたものですから、『ふんばろう』は将来の支援モデルになるのではないかと思っています。今後、もし他の地区で何か起きても、行政の中にこのやり方がインストールされていれば、タイミングを見てすぐにシステムを駆動させることができますよね。他の国にとってもモデルとなるかもしれない」

岩上さんは、「僕にできることがあれば言ってください」とおっしゃってくれた。岩上さんには10万人以上のフォロワーがいる。これほど頼もしい言葉はなかった。

こうして対談は3時間以上に及んだ。外はすっかり暗くなっていた。携帯でツイッターを見てみると、かなりの反響になっているようだった。

GACKTさん、川崎麻世さんとのユーストリーム中継

その後、GACKTさん、川崎麻世さんともユーストリームで鼎談をすることになった。僕とGACKTさんをつなげてくれたのは、GACKTさんのファンの一人だ。GACKTさんと僕に対してツイッターの「メンション」といって＠のあとに名前を入れることで、その人にある種のメッセージとして送れる機能を使って、何度も「２人につながってほしい」と送り続けてくれたのである。

それを読んだGACKTさんは、岩上安身さんと僕のユーストリームでの対談を見て、あるとき、「GACKTです。はじめまして」と電話をくれて、僕はひどくびっくりしたのを覚えている。

震災当初から「Show Your Heart」という基金を設立していたGACKTさんは、同じ問題意識を持っており、「ふんばろう」に共感してくれたのだった。電話をする機会があったときには１時間ほど電話で話していたが、物事を多角的に見たうえで洞察し実践する深い知性と行動力を併せ持っている人だと感じた。そして、「僕ら芸能人は広く知らせることができるから、うまく利用してくれたらうれしい」と言って、ツイートで「ふんばろう」を広めることで、背中を押してくれたのである。

GACKTさんと川崎麻世さんとの鼎談は急に決まったのだが、GACKTさんが「沖縄のロケに行く当日、僕の家に来てもらえれば、１時間だけ時間が取れるから」と言って無理にスケジュールをあけてくれたのだった。駅前で、GACKTさんのマネージャーさんと落ち合い、家まで案内してもらうと、GACKT邸はまるで美術館と図書館が合体したように様々な装飾品や本が並んでいた。

部屋で待っていると、髪を短く刈り上げたGACKTさんと川崎麻世さんが現れた。「どうもはじめまして」と握手する。テレビで見る姿そのままだ。

「坊主にしようとしたんだけど、マネージャーに止められてね。毎日わからないように少しずつ切っているんだ」とGACKTさんが微笑みながら言う。「髪は少し長めのほうが自分で切っても大丈夫だから楽なんだよね」と麻世さん。

役のためとはいえ、自分で坊主になりたがるGACKTさんは意外な感じがしたし、また役者さんは自分で髪を切ったりしないと思っていた僕は——たまに自分で髪を切ることもあるので——妙な親近感が湧いてきたのだった。

その後、3人で1時間鼎談をした。

GACKTさんは、僕が「ふんばろう」の活動の意義を伝えられるよう、さりげなく、とても的確な質問をしてくれた。そして、僕が言いたいことを、僕以上に的確に表現してくれた。

それを受けて、麻世さんも、「ふんばろう」の意義が浮き彫りになるように、あえて一般の方の意見を代弁するかのように、様々な意見、質問をしてくれた。

その結果、３人の絶妙なバランスの鼎談になったのだった。

この頃「ふんばろう」のサイトは、ひと月に200万PV《ページビュー》ほどになっていた。

こうして、岩上安身さんやGACKTさんと川崎麻世さんとのユーストリーム中継は、初期の「ふんばろう」がネット上で急拡大していくうえで、大きな推進力となったのである。

ついに行方不明のおじさんが……

しかし、プロジェクトがうまくいくことと、哀しみはまったく別だった。

時間は少しだけ遡り、震災から１か月ほどが経ったある日の夕暮れに――それはGACKTさんたちとの鼎談の前日だった――、母から4人兄妹宛に「おじさんが見つかったよ」とメールが届いたのだ。「お父さんと確認しにいったから間違いない」と。

僕はすぐ宮城県警のサイトでおじさんを捜した。

同じ名字の人だけで何十人、何百人もの名前が並んでいる。

僕は、宮城県だけでこれだけの膨大な人が亡くなったという事実を目の当たりにして、しばし愕然とした。

そして――、暗いスクリーンの中で、明るく光っているおじさんの名を見つけたのだった。

しびれるようにその名を見つめていた。

涙がにじんできて、よく見えなくなる。

覚悟はしていた。もう無理だろうと頭ではわかっていた。でも、現実として突きつけられると、それはまた違う哀しみになって胸に入ってきた。

しばらくして、「残念だ……」とメールを返した。下の妹からも「残念だ」とメールが届いた。

すると、母から返事が届いた――。

「見つかったのよ！　よかったのよ！　家族のもとに帰れたんだから！」

――そうなのだ。よかったのだ。家族のもとに帰れて、本当によかったのだ。

でも、見つかっただけよかったと喜ばなければならないなんて、こんな哀しいことってあるだろうか……。

涙は止まらなかった。

暗くなった部屋の中で、パソコンだけが仄《ほの》白い光を放っていた。

おじさんの車は、２日前に、偶然、従弟の和臣《かずおみ》君が発見していた。鍵はささったままだったので、みんな、おそらく倉庫にいたのだろうと推測していた。おじさんの服や靴なども見つけた。近いうちに自衛隊が集中捜索に入るということだった。そして、昨日、おじさんは、自衛隊の人たちの手によって、田んぼの中で発見されたのだ。


気持ちが落ち着いてから、従妹に電話をする。

「本当に、よかったぁ……」

従妹は、ずっと探していたかけがえのない宝物を見つけたかのように、そう言った。ずっと見ていなかった宮城県警のサイトをたまたま見たら、その日に掲載されたばかりだったとのこと。

おじさんは、服装からして、やはり仕事をしていたらしい。働き者で、毎日休むことなく家族のために働いていた。

人生の最期まで働いていたのだ。おじさんは自分の生き方をまっとうしたのだ。

そしておじさんたちが育てた2人の子どもたちが、車とホームページに載っている名前をそれぞれ発見した。

受話器の向こうで、「うちらよくがんばったよね、ってきょうだいでほめ合っているんだ。お兄ちゃんも励ましてくれてありがとうね」と言った。

僕は涙が流れていることを悟られないよう、「本当に、よくがんばったね、おじさんもきっと喜んでるね」と少し微笑みながら言った。


おじさんは、あの日に、亡くなっていたのだ。――おそらく僕が目黒にいたあのときに。

2011年3月11日は、たくさんの犠牲者と同じく、突如、おじさんの命日となった。

そして、いまもなお、何十万人もの人がかけがえのない家族や友人たちを捜しているのだ。たくさんの人たちが、見つかっただけよかったと言わなければならない哀しみの中で、必死に生きようとしている。なのに、物資すら届かずに、さらなる苦境に立たされている人たちがいる。

これは地球の裏側の遠く離れた地域の話ではない。東京から数時間の手を伸ばせばすぐに届くところで、いま、実際に起きていることなのだ。

――地震は止められない。津波の前ではなす術もなかった。
でも、これからの未来は、僕らの手で変えることができる。
前を向かなければならない――。

そう、自分に言い聞かせた。

「ほしい物リスト」の活用を！　とアマゾンから直接連絡が来た

ある日、ツイッター経由で、陸前高田市消防団の人からダイレクトメッセージで連絡が来た。

メッセージの送り主は、仙台から現地に入っていた布田直志さんだった。直接電話で話すと、現地はボランティアが滞在する場所すらないほど壊滅しており、瓦礫の撤去どころか遺体の捜索もままならない厳しい状況にあることがわかった。

みんなが入るお風呂をつくるための材料やチェーンソーなどを掲載してもらえないかという依頼を受けた。その頃の「ふんばろう」は、まだホームページを更新する体制もきちんと整っていなかったため、自分のブログに載せて拡散するのが早かった。だから、ブログに掲載して、ツイッターで拡散した。

すると、それを見たアマゾンジャパンの渡辺弘美さんから連絡が来た。

「アマゾンの『ほしい物リスト』というのがあるんですが、それを活用してみませんか」と言うのだ。

「ほしい物リスト」とは、元々誕生日プレゼントをほしい人が、自分がほしいものを掲載しておくことで、希望したものがもらえる仕組みだった。それを避難所への支援として応用できないか、という相談だった。

しかし、これを大々的に展開しようとすると、被災者ではない人が避難所を装う詐欺が起きる。それを防ぐために、渡辺さんも最初は行政を通そうとしたが、やはり動いてくれなかったという。そこで信頼できるところを通せないかと思っていたところ、僕のブログを見つけて連絡をくれたのだった。

僕は「ぜひやりましょう」と言って、「ふんばろう」を立ち上げて1週間も経たないうちに、アマゾンの「ほしい物リスト」を導入することになった。

最初は、渡辺さんがボランティアとして「ふんばろう」に参加して、手作業で避難所ごとに必要な物資を掲載してくれた。物資は掲載されるや否や、購入する支援者が殺到し、飛ぶようになくなっていき、「ふんばろう」のサイトに掲載した2日後には、チェーンソーをはじめとする公共のお風呂をつくるために必要な物資が次々と陸前高田市消防団に届いたのである。

――のちに、このアマゾンの仕組みを用いた支援を拡大するため、「ほしい物リスト」を掲載できるボランティアを増やすために早稲田大学で講習会を開き、「ふんばろう」にはアマゾン班ができた。そして、その仕組みを通じて、家電や自転車などを含む**2万4000個以上の物資が必要とする避難所や避難宅に送られた**のだった。

東大阪市長と大阪市長、トップの決断力

その後、ツイッターを通じて、東大阪市の野田義和市長から連絡が来た。

東大阪市では、短期～長期的に支援するための態勢を整えていたのだが、岩手県庁に支援はいりませんと断られてしまい、どうしようと頭を悩ませていたという。そんなときに、僕のツイッターで、陸前高田市は依然として大変な状況であることを知り、連絡をくださったのだ。

「自分の市で子どもたちも含めて何万という人が亡くなる、そうした震災が起きたらと想像しただけで、本当に大変なことだと思いますので、できることがあれば何でもさせてい

ただきたい」というありがたい申し出だった。

「ぜひお願いします」と言って早速、陸前高田市の高田分団長の大坂さんを経由して、陸前高田市長と直接つなぐことができた。野田市長はその後、キーマンの一人として尽力してくれることになる。

さらに、２０１１年4月21日の「読売新聞」には、大阪市で物資が大量に山積みになっているという記事が掲載された。

「市は現地の要望を地震直後に聞き取り、3月22日から物資の受け付けを新品の５品目に絞って開始。4月7日までに毛布３５９３枚、タオル10万１７７枚、ウエットティッシュ2万７６２１個、紙おむつ19万９０７３枚、水（ペットボトル入り）８５６６本が集まった。

市は岩手、宮城、福島県に必要な品目と数を問い合わせたが、要望は少なかった。3月31日から5回に分けて発送を始めたものの、結局、毛布約２８００枚、タオル9万８０００枚、ウエットティッシュ1万５０００個、紙おむつ17万１０００枚――と寄せられた物資のほとんどが余り、水は全てが残った」

この記事を見た人たちから、ツイッターで僕に「どうにかなりませんか」とたくさんのツイートが届いたのである。

僕は、東大阪市の野田市長に電話して、「物資が余っているという記事が掲載された件について、僕らならマッチングできると思うので、大阪市長につないでいただけませんか」とお願いすると、「わかりました、電話します」と取り次いでくれた。

するとすぐに平松邦夫大阪市長（当時）から電話があり、僕らが必要としている避難所を紹介して送ってもらうことになり、１万本近い水はその日中に配送することができたのだ。**南三陸町では、震災後2か月経っても水道復旧率1%、3か月時点でわずか7%**だったため、この時点で水もまったく足りておらず、実際にはいくらでも需要はあった。

東大阪市長に電話したのが家を出るときで、そこから大学の研究室に到着するまでの**30分あまりの時間に、これらがすべて決まった**のである。

トップ同士がつながったときの速さは、下から上げていく方式の何十倍、何百倍も速い。極論すれば非常時は、秘書を一人通すだけで、速度も伝達力も何倍も落ちる。**非常時は、秘書も通さず、トップの携帯電話に直接電話できるようにしたほうがいい。**

こうして、大阪市が提供してくれた、ＩＫＥＡの新品のベッド２００個を含むすべての物資をマッチングして送ることができたのである。

その後も仙台市の倉庫に山積みにされていた物資を、野田市長にお願いして仙台市の副市長に連絡してもらうことでリストをもらうことができ、大量の物資をマッチングすることができたのである。

さらに、岐阜県、愛知県、宮城県、福島県、大分県、横浜市で行き場をなくした10ｔトラック40台分以上の膨大な物資をマッチングし、必要としている被災者に届けることができた。

この経験から言えるのは、ほとんどの県は余剰物資を県や市の倉庫に持っている、ということだ。被災地行政は保管場所と仕分け機能の限界から援助を断っていたのであり、物資は末端の生活者には届いていなかったのである（実際、某県は２０１１年10月初旬時点で、19万箱にも及ぶ支援物資を保持していた）。

ではいったいなぜ、そのようなことが起きるのか？

それは従来の支援物資の送り方に関係している。それは概ね、次のようになっている。

（1）支援する側の国や各自治体が物資を集める
（2）それを被災した県に送る
（3）県の倉庫で仕分けして、県内の各市町村に送る

（４）各市町村内の倉庫で仕分けして、各避難所に送る
（５）避難所で仕分けして、それぞれの避難者（生活者）に配布する

このように、階層を増やせば増やすほど、輸送と仕分けの労力やコストは何十倍にもなる。特に今回のように、地元の自治体そのものが広範囲にわたって壊滅的な被害を受けている場合は、にっちもさっちもいかなくなるのである。そして、一度県の倉庫がいっぱいになった時点で支援を断ることになる。

その結果、行き場をなくした支援物資は、被災地で困窮する人々に届くことなく、各自治体の倉庫に山積みとなってしまったのだ。

前例主義と取引コストとは？

行政と連携する際には、必ずしもうまくいくことばかりではなく、**「行政の壁」**を痛感することもあった。それは、断るという結論が先にあって、そのための理由をいろいろとつけているだけだったり、各部署をたらい回しにしたりすることで、話が一向に進まない、という壁である。

――それではなぜ、そのようなことが起こるのだろうか？

たとえば、某町に「ふんばろう」の仕組みを、各避難所に伝えてもらえないかと相談したことがあるのだが、行政の壁の前に、一向に進まなかったことがある。

このケースにおいても、この支援の仕組みを避難所に周知すること自体は簡単にできるはずだ。しかし、行政が自ら紹介するという形になると、問題が起きたときには知りませんというわけにはいかなくなる。つまり、「責任」が生じる。

前例があれば、何か問題が起きても、「前例に従ったまでです」と前例のせいにできるが、前例がない場合は新たな仕組みを導入した当人が責任を負うことになる。それを回避するために前例がないから、と言って拒否することになる。

——こうして「前例主義」が組織を蝕んでいく。

意識の高いあなたは、そんな中でも新たな提案をする。しかし、周囲から「うまくいく保証はどこにあるんですか」「問題が起きたらどう責任取るんですか」と次々と反対意見が出る。

こうした人たちを説得するのは容易なことではない。

というのも、建設的な提案は創造的ゆえに難易度の高い行為だが、提案を否定すること自体は、前述のような紋切り型の台詞を並べるだけで簡単にできることだからだ。

元々提案するほうが分が悪いようにできているのだ。

特に、行政や大企業のような保守的になりがちな組織においては、周囲の人を説得するための「取引コスト」は膨大なものになる。

他方で、新たな試みをしなければ、そうしたコストはかからない。リスクも責任も生じない。そのため、実現する努力をすることなく、やらない理由を探すことになる。

――こうして市民を幸せにするはずの行政が、市民にとっていいことを導入しない、という不合理が起こるのである。

猪瀬直樹氏の「鶴のひと声」で状況一変

このように、不合理すぎて理解できない出来事でも、それがなぜ起きるのか、その構造が理解できるようになれば、対処できる可能性も生まれる。

たとえば、その後、東京都が保管している放置自転車を被災地に送る際に、ある区の担当者が「自治体までは送るが、個々の避難所までは送らない」と頑として聞かなかったことがある。

「そういうやり方をするから物資が山積みになるのであって、どうせ運ぶんだから、必要としているところまで運ばなければ意味はないんですよ」と言っても、否の一点張りだ。

そのときは、ツイッターを介して、副都知事の猪瀬直樹さんとつながっていたので、「では猪瀬副都知事に相談するので」と言って、一度電話を切ってから、猪瀬さんの携帯に電話をした。事情を話して、「このままだと、自転車が山積みになるだけなので、何とかしてもらえないでしょうか」とお願いしたところ、「わかった。担当者には僕からきつく言っておくから」と言って、**鶴のひと声ですぐに避難所まで送れることになった。**

これは、その組織の「上」に言いつけて、担当者を叱ってもらうことにより、こちらの提案を拒否することの「取引コスト」を増大させたのである。また同時に、担当者が周囲を説得するための「取引コスト」を取り除く効果もある。

このように下から言って「のれんに腕押し」状態になった場合には、国会議員や地元議員の力を借りて、「上」から話を通したほうが速いことは少なくなかった。

組織運営ツールとしてのフェイスブック

「ふんばろう」は、各種メディアに取り上げられることで、急速にその知名度を上げ、ホームページに掲載している支援先の避難所は増え続けた。

そして早くからメールでのやりとりは意味をなさなくなった。情報を共有するために全員に向けて「cc.」をするのだが、多すぎると誰も見なくなってしまい、情報共有のツールとして意味をなさなくなってしまったのだ。

そこで門松宏明さん（以前から一緒に仕事をしたこともある友人で、最近では坂本龍一さんと一緒に音楽全集をつくっている）がサイボウズLiveやフェイスブックといったソーシャルメディアを活用して、「ふんばろう」の運営をマネジメントするようになった。

僕は、最初、何かやっているなと思いながらも、自分のメールもチェックできずにいたため静観していたのだが、ある日フェイスブックを覗いてみると、極めて有効なツールであることがわかった。門松さんのことは以前から全面的に信頼していたので、その才能を坂本龍一さんが見出したのは当然のことだと思っていたが、改めて「門松さんやるなあ」と思ったのだった。

フェイスブックはプロジェクトごとにグループをつくることができ、またメーリングリストと異なり、この人に入ってほしいという人をすぐに追加することができる。チャットも書類を送ることもできる。情報をシェアすることで、拡散ツールとしても使える。メール、メーリングリスト、ミクシィ、チャットといった既存のメディアの包括ツールのようなもので、これさえあれば、ひととおりのことはできる。

また、フェイスブックのグループをつくる機能を使うことで、グループや支部ごとにメンバーの登録や情報の伝達、共有、交換が容易にできる。

そうしてフェイスブック上に、マネジメント、Ｗｅｂ構築、会計、翻訳、電話窓口、渉外、庶務、公的支援申請、広報など、多くのチーム（班）が立ち上がっていったのである。

こうしてフェイスブックは、ネット上で立ち上がった「ふんばろう」が動きながら規模を拡大していくためには欠かせないツールとなっていった。

ただし、フェイスブックには古い話題がどんどん流れていってしまうという欠点がある。そのため物資支援などいくつかのプロジェクトでは、それを補完するためにスレッドのタイトルが流れていかない「サイボウズ Live」を導入することで、よりスムーズな事務運営を可能にした。

情報拡散のツールであるツイッターと、組織運営ツールとしてのフェイスブックのグループ機能（＋サイボウズ Live）が、「ふんばろう」の両輪となり、被災地をかけ巡ることになるのである。

第 3 章

「重機免許取得プロジェクト」
――陸前高田市消防団と志津川高校避難所

横のラインが社会を変える

東京での運営に一区切りついた4月下旬、再び被災地に向かうことになった。

今回のメンバーは6人。前回と同じく、僕、父、北川さん。新たなメンバーは甲田烈さんと山田エイジさんと、山田さんと長いつき合いのフリーのカメラマン柳橋伸幸さん。

甲田烈さんは哲学者であり、妖怪研究者でもあり、著書も何冊も出している。僕が編集委員長を務めている学術誌『構造構成主義研究』に投稿してきたことがきっかけで意気投合し、以来個人的にも仲よくなった。見かけも雰囲気もどこか妖怪っぽいが、頭がよく、しっかりと地に足の着いた骨太のスピリチュアルな考え方を持っている。僕は妙にその感じが気に入り、信頼していた。

山田エイジさんは、博報堂に勤めるサラリーマン映画監督だ。復興支援の動画チャンネル『チャリTV』を立ち上げ、その活動の第一弾として「ふんばろう」のプロモーションビデオをつくってくださるというありがたいお話をいただき、一緒に行くことになった。

早朝JR目黒駅前で待ち合わせ、首都高速をひたすら北上していく。山田さんの車は、バンパーがガムテープで押さえられていて、なかなか味がある。昔やっていた『シティーハンター』というアニメの主人公が乗っていたような車だ。

話がいろいろと弾む中、話題はツイッターのことになった。

「西條さん、今回はツイッターの力をすごく感じていると思うんですけど、どうですか？」と山田さん。

「そうですね、ほんとすごいと思いますよ。政治って結局世の中を動かすことで、いままでは縦のピラミッドの上の人がパワーで動かすという図式だったと思うんですが、**今回初めて横のラインでつながった**と思うんですよね」

「横のライン？」と山田さん。

「はい、ツイッターは〝よい意見〟は、誰が発したものであれ、自然とリツイートされて広まっていきます。それを権力がコントロールすることができないんです。ある考え方がいいと思ったら、どんどん広まっていくわけです。それと今回わかったのは、政治家の人もツイッターに入っている限り、そこでの話題や自分宛の言及（メンション）は気にせざるをえないということです。布の端切れを持ってしまったようなもので、影響を受けざるをえない。これはある意味で**直接民主主義に近い形**ですよね」

「なるほど、〝ツイッ党〟ってつくったらどうですかね」と山田さん。

「おおぉ、それは～、面白い」と甲田さん。話し方に独特の鷹揚な感じがある。

「なるほど、それこそ党を超えますね」と北川さん。

僕は話を続けた。

「たとえば、原発を推進しようという人には絶対に票を入れないようにしよう！　と大々的にキャンペーンを打つことで、原発推進なんて容易には言えなくなりますからね。東京電力（以下、東電）は上からのパワーでコントロールしてきたわけですが、横がつながって、〝市民意志機能体〟として違う軸でのパワーを持てば、それにコントロールされることなく、市民が本当に考えていることを実現できる」

「うんうん、それはいいですねえー」と山田さん。

2011年1月以降に、中東や北アフリカで革命が起きたのはおそらく偶然ではない。ツイッターとフェイスブックが統制不可能な横のラインをつなぐインフラとなり、難攻不落の独裁国家がひっくり返ったのである。

これは、日本で言えば、東電の支配構造をひっくり返すインフラが整っていることを意味する。状況が違えば、いままで有効ではなかった「一人ひとりが声をあげる」という方法が有効になることもある。いままでは声をあげても無駄だったかもしれないが、状況が変わったと言っていいだろう。

南三陸町、再訪

仙台の実家に到着。実家の車と2台編成にして物資を積み込み、南三陸町へ向かった。

20日ぶりの南三陸町は、壊滅状態であることには何ら変わりはないが、国道沿いは、同種の瓦礫が集められるなど、人の手が入ったあとがある分、滅茶苦茶に破壊されまくったという状態よりカオス性は低くなっている。ただ、それは国道沿いだけであり、それ以外の地域はまだまったく手つかずの状態だった。

僕は以前の状態を見ているため、心理的負荷はあまりなかったものの、やはり初めて行った甲田さんは、僕が以前行ったときと同じように、言葉が出ず、立ち尽くしていた。

三浦保志さん、佐藤長治さんといった前回つながった人たちと再会できた。以前お会いしたときよりもお元気そうだった。

最初に行ったときに、物資を配っている場で、南三陸町の惨状を語ってくれた佐藤長治さんは、その後、「三浦さんがやるなら、俺もやるか」と三浦さんチームの一員として、連日物資を配っているとのことだった。こうして**被災者でありながら、支援者になる人もいる**のだ。思わぬ再会に胸が熱くなった。

そこで、電話でやりとりしていた嶋津祐司さんとも初めて会うことができた。嶋津さんは、目力の強い、一見漁師にも見えるようなたくましさを感じる方だった。嶋津さんは元々三浦さんのファンだったのだが、三浦さんの安否を心配してネットで検索したところ、「ふんばろう」のサイトにあたり、そこに載っている連絡先から三浦さんと連絡が取れたとのこと。その後、仙台から連日物資を届けていたが、あるときからチーム三浦の一員として住み込みで支援活動をするようになっていた。

「はじめまして」と言って、互いにがっちり握手したその直後、驚きの事実が発覚する。

「さかなのみうら」のお店の前で再会を果たしたあと、物資の配給に向かうために、それぞれ車に乗り込んだ。

車に乗ると、父が何かを感じたのか「嶋津さんって何している人や?」と聞いてきた。

「嶋津さんは島津商事の人みたいだよ」と僕。

「何?　島津商事なら、嶋津さんの息子だべや」と父。

嶋津さんとは、父の大学の空手部の先輩だ。実家に来たこともあり、僕も知っている人だった。そうとは知らず、「さかなのみうら」さんとのご縁を通して、その息子さんと連携していたのである。

物資配布先の避難所についてから、嶋津さんにその話をして父を紹介すると、「ええ、あの西條さんっすか？」とひどく驚き、父と話が盛り上がっていた。

少し遅れて、三浦さんが歩いてくる。トラックをどこかにぶつけたようだが、まったく意に介する様子もなく普通に歩いてきた。完全壊滅した街の前では、トラックが少し凹んだぐらい、気にするようなことではないのだろう。

そこは小さな避難所だった。聞くと、津波はすぐそこまで迫ってきたという。届かなくてよかったと思ったが、海面からは20ｍ以上はあるだろうか。見渡すと海はだいぶ下にあり、どれだけ高い津波が来たのだろうと、改めてその恐ろしさを感じた。道を挟んですぐ隣には、何も通らなくなった赤茶色の線路が横たわっていた。

みんなで積んできた支援物資を車から運び出してくると、人が集まってきて、ちょっとした露店祭りのようになった。山田さんらはその人柄が放つ温かな雰囲気で、人々にとけ込みながら、ＣＭをつくるためにカメラを回していた。

「ペンとかある？」と嶋津さん。

「ペン……あまりない。全部流された」と女性が答える。

「ちょっと待ってなー。ペンどこかにあったなあ」と嶋津さんが探し始める。

「鉛筆がほしい」とその女性。

「鉛筆がほしいの？」と嶋津さん。

「うん、全部流された」とやりとりが続く。

その横で、

「コンソメスープもありますよ。あったかく飲めますから」と「さかなのみうら」にボランティアに来ていた恩田彰さんが言うと、小学低学年くらいの男の子が、少し大きなお兄ちゃんに「お兄ちゃん、一緒に飲もうじゃねーか、コーンスープ」と話しかけている。

三浦さんが「リップクリームもありますよ」と言うと、「ありがと！」とおばさんが受け取る。

僕はそのさらに横で「これはトマトジュースです」と持ってきた箱を置く。

「ふんばろう」の最初のＣＭはこうしてできあがった（「必要なモノを、必要な分、必要な被災者へ」でインターネットで検索）。

そこでの物資配布を終えると、僕は三浦さんの車に乗せてもらい、個人避難宅に物資を運ぶことになった。

個人宅が残っている高台まで道をのぼっていく。トラックからおりるが、人影は見られない。「人がいるかどうかって何でわかるんですか？」と聞くと、「洗濯物が干してあるからね」と三浦さん。

窓が開いていて、かすかに人の気配のする家がある。

ようやく一人の中年の女性と出会った。

「この辺に住んでいる人はいるんですか」と聞くと、「あの家とあの家と、あそこの奥にも人がいます」と教えてくれた。「じゃあ声をかけてください、あっちで物資を配布しますので」と言って、車のところに戻っていく。

こうして一人に声をかけると、次々と人が集まってきて、道ばたはまた露店商店のようににぎやかになる。

物資をひととおり配り終えると、千葉県から来て、１週間ボランティア活動をされていた恩田さんが、帰る直前にたまたま捜していた老夫婦に出会い、感動の再会を果たしていた。津波はその老夫婦の家の直前まで来て、ぎりぎり生き残ったとのこと。

こうした奇跡的な出会いは、現地で活動していると、なぜか頻繁に起きた。

その後、この日の経験をもとに「個人避難宅の支援方法」をまとめてツイッターで拡散することで、個人避難宅を効果的に支援できるようにした。

広域壊滅地域、陸前高田市

翌日は、仙台の実家から陸前高田市消防団の屯所に向けて出発した。東北道をひたすら北上し、一関でおりる。そこから陸前高田市までの直線距離は短いが、実際には曲がりくねった道をたどって、緑が深い山々を越えていかねばならない。かなりの高低差があり、ぐるぐるとただ高度だけを下げるばかりで、地図上ではほとんど前に進まないところもあった。

ようやく陸前高田市が近づいてきた。壊滅地域はふいに現れる。走っていると、突如、津波の爪痕が広がった。津波被災地に入ったのだ。南三陸町と同じようなひどい惨状だが、**陸前高田はこれまでに見たどの地域よりも、広域にわたって壊滅していた。**

氷川神社に到着。取材の依頼を受けていた中部日本放送や「岩手日報」といったメディアのスタッフと合流する。しかし、分団の屯所らしきところは見当たらない。近くの人に聞くと、「そこにあるよ」と言って指を差す。その方向に目を向けると、それは陸前高田市全消防団を統括しているにはあまりに小さな小屋だった。ここが現地の被災者支援の拠点となっているのだ。機能は箱の大きさとは関係がない。

陸前高田市消防団は、以前アマゾンを通じて支援して以来、東大阪の野田市長を紹介したり、分団長の大坂淳さんを通して様々なやりとりをしてきた。

屯所まで歩いていくと、建物の前に衣類などの物資がたくさん置いてある。やや緊張しながら屯所の扉をくぐると、部屋の中には２人の男性がいた。

眼鏡をかけた40代ほどの男性と、細身で丸刈りにしている30代半ばくらいの男性。テレビカメラの姿を目にしたとたん、眼鏡をかけた男性が「テレビ局は入るな！」と言った。声には怒りがこめられている。

到底取材を受けてくれるような雰囲気ではない。

僕は振り返って、「すみませんが、外で待機していてください」と言って、取材班は父に対応してもらい、僕と北川さん、甲田さんの３人で中に入ることにした。眼鏡をかけた男性が大坂さんであることがわかったので、改めて挨拶をする。もう一人の細身の男性は山崎太朗さんという。

何が何でも、子どもたちに環境を整えてあげたい

大坂さんを中心に、僕、北川さん、甲田さんが並び、その向かい側に山崎さんが座る形になった。

大坂さんはおもむろに話し出す。

「以前、あるテレビ局が、救出しているときの映像や人が波にさらわれている映像はないかとしつこく食い下がってきた。あいつらはあまりにも無神経で失礼だった」

その口調には、メディアへの強い怒りがこめられていた。

ただ僕は、そういう報道関係者に出会ったことはない。むしろ報道関係者のほうが、被災地の惨状を体感しているだけに、認識や感覚にズレがなく、話が合う人のほうが多かった。だが、どこにでも無神経な人はいるもので、そういうメディアの人に傷つけられた人の傷は深い。

「新聞はまだ信用しているが、テレビは現象の一側面をすべての事実かのように伝えるから信頼できない。自分の話も一つの観点からの話でしかない。テレビは多角的に取材して、現象をできるだけ立体的に伝えるべきだ」

その口調は速く、論理的で無駄がない。

僕は黙ってうなずく。

ひととおり話を聞いたあと、自分も津波でおじさんを亡くしたことを伝えた。

「津波にやられた沿岸地域の惨状はまったく伝わっていないんです。東京も温度差がすごい。当事者が話をしていかないと伝わらないから、僕はできるだけ伝えていこうと思っています」

すると、大坂さんは、どこか納得した雰囲気になり、当日何が起きたのか語り始めた。

「助かったのは運がよかっただけ。津波から逃げているとき、津波は後ろから来ると思っていたが、各所でビリヤードのように反射して、横からそして前から来る。自分は横と前の津波が目の前でぶつかって渦を巻いている間に時間が稼げて助かった。津波が来るときは悲鳴など聞こえない。聞こえるのは水のゴーッと流れる音と、パキパキと何かが壊されていく音のみだった。ある意味で静寂なんだよ。被災地は、あの日から何も進んではいないんだよ。目が覚めるとあの日に戻ってしまうんだ」

みな、無言で聞いている。

「教育が最も心配だ」と大坂さん。

「子どもたちは目の前で親がさらわれたり、消せない傷を負っている。ものすごいハンデを負っている。卑屈な子にはしたくない。教材などをちょっと揃えたくらいで支援が終わったと思われたら困る。学校等々の各施設には、カウンセラーが数名は常駐してもらう必要がある。先生が子どもの話を聞くといっても、その先生もすべてを失っている本人なんだよ。どうやって話を聞けっていうのか。そういう支援はどうしても必要だ。自分たちはいい時代も経験してきた。しかし、子どもたちはこれからだ。いまは校庭も何もない。何が何でも子どもたちに環境を整えてあげたい……」

1時間ばかり話を聞いただろうか。言葉はあふれるように出てくる。ご自身も津波で奥さんとお子さんを亡くされている中、懸命に捜索、支援活動をしていた大坂さんの言葉には、弔い合戦でもするような断固たる決意と気迫がこめられていた。

――のちに、大坂さんは陸前高田市全消防団の団長となる。

ちょっと見ただけで、わかった気になってはいけない

大坂さんが誰かに呼ばれて席を離れたので、同席していた山崎さんに「この辺りの状況はどんな感じですか、孤立している避難宅とかありませんか」と話しかける。山崎さんは立教大学の職員で、消防団にボランティアに来ているという。目は一重で、シャープで芯が通った顔をしているが、どこか洗練されている都会の雰囲気もある。

「陸前高田市のこの辺りはコミュニティのつながりが強いですよ。最初はやっぱりよそ者にはよそよそしい雰囲気がありましたが、この人は本気で支援してくれているんだということがわかるとすごい親しみを持ってくれますよ。昨日、個人避難宅を回っていると、あるおばあさんが1時間以上ずっと泣きながら話してくれて、心理的なケアは本当に必要だなと思いました」と静かな声で話してくれた。

ノートパソコンを開いている。消防団にはパソコンやネットに強い人がいないため、こういう熱い気持ちとネットリテラシーを兼ね備えた人が一人いると、現地の機能は何倍も違ってくる。高田分団とつないでくれた布田さんも、大坂さんの知人で仙台から現地にボランティアに入っていた人だった。

「この辺りは、地域のつながりが強いから、自宅避難民で孤立している人たちはいないようですよ」と山崎さん。

同じ津波被災地と言っても、地域によって被害状況もコミュニティのあり方もかなり違う。安易に一般化したり、ちょっと見ただけでわかった気になってはならない。さもなければ、大きな拠点避難所に物資が山積みになっているのを見て、「物資は余っている」といったことを言うことになる。

——のちに、山崎さんは独自に「復興市場」という全国の人にネットを通じて地元小売店から物資を購入してもらい、支援物資として送ってもらう二重支援の仕組みを立ち上げ、「ふんばろう」と連携していくことになる。

「重機免許取得プロジェクト」で121名が免許取得

大坂さんが戻ってきて、話を再開する。

僕が「これからは支援金と雇用創出が必要ですよね」と言うと、「みんな、雇用創出が大事だとは言うが、具体的な案がなければ意味がない」と大坂さん。

まったくもってそのとおりだった。そこで、雇用創出の具体案について話をすることにした。

「津波壊滅地域でこれからどう考えても需要があるのは、瓦礫の撤去と住宅の建設ですよね。街をマイナスからすべて構築していくわけです。これは地元、大手ゼネコンを巻き込んだ国家的なプロジェクトになります。その際に必ず役立つのがブルドーザー、ショベルカー、フォークリフトなどの重機の免許ですよね。それがあれば雇ってもらえます。国も、地元や大手ゼネコンには、現地の人を優先的に雇用するように通達しているという話です。現実にはそこまでうまくいかなくとも、重機免許を取っておいたら有利に働くことは間違いないですよね」

大坂さんが大きくうなずく。

「避難所で長期間何もしなければかえって〝うつ〟になります。避難所生活をしている間に重機免許を取得すれば、手に職をつけることになります。しかも、地元の復興に直接役立つ資格です。それは前を向く〝希望〟になるはずです。無料で重機免許を取得してもらうプロジェクトを考えていたんですが、どうでしょうか？」

「おお、それはいい！　この近くに免許を取得できる自動車教習所があるんだよな」と大坂さん。

僕はすかさず「じゃあ実現しましょう。いまからそこに行って紹介してください」と言うと、さすがにちょっと驚いたような表情をしたあとに、「じゃあ案内しますよ」と言ってすっと立ち上がった。

その流れで、「ちなみに、中部日本放送の方は『ふんばろう』の取材をしたいということとで、話した感じもいい人たちでしたよ」と僕。

「本当はメディアに出て目立つようなことにはなりたくないのだが、じゃあ取材も受けましょう」と、テレビ取材を初めて受けてもらえることになった。そこでは、アマゾンを通して2日後にチェーンソーが届いたことなど、この仕組みの意義を話してくれた。僕も外で新聞やテレビの取材を軽く受けたあとに、大坂さんの車を追って教習所に向かった。

車に乗って間もなく、高校の部活の先輩である天江健史さんから電話がかかってきた。天江さんは企業派遣の学生として早稲田大学大学院のMBA課程に入学してきたため、2009年のMBAの秋学期の授業でばったり出会い、20年ぶりの再会を果たしたのだ。

そして震災後、「ふんばろう」の活動を知り、連絡をくれたのだった。

「ある企業から500万円集まったんだけど、日本赤十字社に募金する気はなくて、きちんと成果が見える形のところに寄付したいということなんだけど、何かいいアイディアないですか?」とのことだった。そこで、「いまから重機免許を無料で取れるようなプロジェクトを進めるので、ぜひ」とお願いすると、「それはいいですね。先方に話してみます」と言って話がついた。

屯所を出て10分程度で高田自動車学校に到着する。ここは壊滅地域より少し高台にあるため、その場所だけは何事もなかったかのように春の光を浴びている。やはり津波は高さがすべてなのだ。

玄関に着くと、大坂さんが地元の名士でもある田村満社長を紹介してくれた。田村社長は、白い頭と髭を蓄えた好々爺という雰囲気だ。大坂さんは紹介を終えると、「消防団の若手たちの遺体が発見されたので、自分は戻ります」と言って、そのまま引き返していった。

高田自動車学校の建物は無事だが、まだ水道もネットも回復していない状況だった。田村社長に僕らの構想を伝えた。

街も、車もすべてなくなったのだ。自動車免許を取りにくる人などまったくいない。重機免許取得の支援金は僕らが払うことで、被災者が重機免許を取れるようになれば、受講生は殺到する。これは被災者の雇用創出と地元企業の二重の支援を意味しており、自動車学校にとっても悪い話ではないはずだった。

ひととおり話をすると、田村社長は「やりましょう」と言って、快諾してくれた。重機免許取得講習はひと月に1回しかなかったのだが、フル回転でやってくれることになったのである。

僕らのほうですぐにチラシをつくり、消防団の人たちが近隣に配布することになり、ゴールデンウィーク明けすぐに実施することが決まった。

高田分団に到着してから、この間、数時間。あっという間に話がまとまったのである。

このように有事にはできるだけ、決定権のある人同士が直接話をしたほうがいい。


この「重機免許取得プロジェクト」を、（1）状況と（2）目的から方法の有効性は規定されるという「方法の原理」に沿って吟味するならば、次のようになる。

被災地の「状況」は瓦礫があり、街をつくり直す必要がある。そして被災者の「状況」は、仕事がない、避難所でやることがない、時間はある、といったものだった。

そして、「ふんばろう」の目的は、**「被災された方々が震災前のように自立して生活を送るための条件を整えること」**である。とすれば、被災者が数日間で、自らの手で瓦礫を片づけ、街をつくり直す仕事に就くための資格を取得できる「重機免許取得プロジェクト」は、最も有効な自立支援の方法と言うことができる。

実際、山崎さんが各避難所にチラシを配布したところ、「いままでの支援の中で、被災者の目が最も輝いていた」というほどの反響で、瞬く間に受講枠はいっぱいになった。

——その後、陸前高田市では、このプロジェクトを通して、**合計121名の方が重機免許を取得**することになった。また、2011年7月には、「ふんばろう」の一員として高田自動車学校に泊まり込みで力を尽くしてくれた加藤憲一さんと、国会で必要性を訴えてくれた柿沢未途衆議院議員の尽力により、高田自動車学校に国の制度を利用した**職業訓練校としての「震災対策特別訓練コース」**がつくられることになる。

「吐きながら遺体を収容し続けました。それが数日間、続いたんです」

その後、僕らは、南三陸町に向かった。陸前高田市から南三陸町に向かう途中には気仙沼がある。

気仙沼に着いたときには真っ暗だった。街灯は無論ない。行けども行けども車のライトが照らすのは、廃墟と化したゴーストタウンだった。

人はどこにもいない。気仙沼は他の被災地と比べても臭いがひどかった。

陸上に乗り上げたタンカーは近づくと、戦艦大和のような圧倒的な存在感だった。他の地域にはない光景だ。大きな船がたくさん集まっている船の墓場のような場所もあれば、巨大なタンクが転がっているところもある。

写真で見るのとはスケール感、質感ともに違いすぎて、こんなバカでかいものが……と圧倒される。

僕らが南三陸町に向かっていたのは、避難所に泊めてもらうためだ。

南三陸町に入り、何度も通った道のはずだが、まったく同じ壊滅風景が続き、暗いのでどこかわからない。何度か引き返しながら宮城県立志津川高校にたどり着く。

厨房では、内田兄弟が待っていてくれた。2人とは前の晩に三浦さんと嶋津さん、佐藤さんらに志津川高校に連れてきてもらい、面白いヤツらがいるからと紹介されて、みんなで談笑しているうちにすっかり打ち解けてしまったのだ。

2人とも100kgをゆうに超す体格で、あご髭をはやしている。一見いかついが、その顔にはやさしさがにじみ出ている。体格は同じだが、兄の内田卓磨さん（通称たくちゃん）が、金髪を短く刈り上げた、おおらかな顔をしていて、弟の内田智貴さん（通称ともちゃん）は、黒髪、黒髭の坊主頭で、ちゃめっけのある顔をしている。前日に会ったとき、僕は一目で彼らを気に入ってしまったのだった。

震災前は「アリウープ」という名のこじゃれたスポーツバーを経営していた内田兄弟は、調理師免許を持っていたこともあり、志津川高校の避難所のリーダーとして、何百人もの避難者の食事をつくっていた。

その日も、食事をごちそうになり、お礼にと差し入れに持っていったビールを飲みながら、たわいもない話をして談笑していた。しかし次第に夜も更けると、たくちゃんが津波が来たときのことを語り出した。

「最後に志津川高校の崖をのぼってきた家族が僕らだったんです。逃げるときは水のゴーッと流れる音とパキパキと何かが壊れる音しか聞こえなくて、砂ぼこりしか見えなかった。映画の津波とは全然違うんです。すぐに、鳥の羽のような雪が降ってきて、辺りは一面真っ白になったんです。僕らは下の老人ホームに助けにいったんですが、助けることができたお年寄りももたなくて、その日のうちに亡くなりました。女の人や子どもやお年寄りは『津波が怖い』と言うので、体育館の中で外したカーテンなどにくるまっていました」

ともちゃんもそれに続く。

「その夜が怖かったんです。真っ暗闇の中、下のほうから『助けてー！』という叫び声や、子どもたちやお年寄りの悲鳴があちこちから聞こえてきて、なんとか車のライトで照らそうとしたけど、下に向けることもできないから、照らすこともできなくて。高校にいた大人たちも、聞いたことがないような叫び声で、『こっちだ！　こっちだ！』と叫び続けて。でも、引き波が来ると、助けを求める声も聞こえなくなるんです。それでまた津波が来ると、他の人の助けを求める悲鳴が聞こえてきて、それを何度も繰り返して、朝には何も聞こえなくなったんです」

みんな黙って聞いている。

さらに、たくちゃんが続きを話し出す。

「僕らは最初隅っこのほうでおとなしくしていたんですが、体が大きいもので、翌日から崖の下にある老人ホームで逃げ遅れた方の遺体を運ぶように頼まれたんで、捜しにいったんです。軍手が一つだけあったので、それを2人で片手ずつはめて。最初遺体は7体ぐらいと言われたんですが、結局30数体ありました。他のところから津波で運ばれてきた遺体がすごいところに挟まれていたり、ガラスが突き刺さっていたりして、吐きながら遺体を収容し続けました。それが数日間、続いたんです」

どれだけ怖ろしく、哀しい経験なのだろうか。

少し間を置いてから、ともちゃんが話し出す。

「誰も生きている人がいると思っていなかったけど、3日後に一人だけ生きている人を見つけたんです。毛布にくるまっていて、亡くなっていると思ったら瞬きをしたので、生きてるって思って……」

ともちゃんが続ける。

「俺は2週間くらいはずっと悪い夢じゃないかと思ってたんすよ。でも、目が覚めると避難所にいるので、現実なんだと。カーテンに隠れて泣いてました」

「でも、本当にみんな強いなって思いますよ。いま厨房を手伝ってくれているおばちゃんも、家の中で津波にのまれて顔まで浸かりそうな状態で、ずっと孫を水上に持ち上げながら生き延びた人なんです」とたくちゃん。

そして「誰かに会ったときも本人に『大丈夫だった？』とは聞けるけど、『家族は大丈夫？』とは聞けないっすね。ほとんどの場合、誰かが亡くなっているから……」と、ともちゃんは言った。

そばで聞いていた甲田さんは、その場で涙を堪えながら泣いていた。

地域に愛される「さかなのみうら」

気がつくと、夜中の2時をすぎたので寝ようということになり、食堂に寝かせてもらうことになった。

寝袋の下にできるだけ段ボールを敷くが、それでもかなり硬い。身体が痛くなり、朝5時には目が覚めた。避難所ではいまもこんな状況で寝ているのかと思うと、心も痛んだ。

6時になると、扉を叩く音がする。見ると、自衛隊の人が立っていた。ドアを開けて、みんなを起こす。

外に出ると、まったく違った風景が広がっていた。考えてみると、僕らは明るいときに志津川高校を見るのは初めてだった。

「自衛隊第15旅団　沖縄」と書いてある自衛隊の車両と給水ポンプが並んでいる。自衛隊の駐屯地になっていたのだ。その横に、桜が咲いている。そこら中に、各地から送られてきた応援メッセージが書かれた旗が掲げてある。

邪魔になると悪いので、外に出ようかと話していると、一人の女性が食堂に入ってきた。三浦さんと一緒に20年働いた店員さんで、おてこちゃんと呼ばれている方だった。小柄でどことなく雰囲気がうちの母と似ていて、みんながつい笑顔になってしまう満面に笑みを浮かべていた。

話を聞くと、三浦さんは元々かなり有名な方だったようで、3000円でありえないようなおいしい刺身がたくさん盛られるので、ものすごい数の注文があったとのこと。「三浦さんは魚のことばかり考えていてね」とおてこちゃん。根っからの職人さんなのだろう。

その一方で、定期的に障がい者の施設にボランティアに行ったり、全国から修業に来る人を泊めて、いろいろと教えてあげていたとのこと。いまの倉庫は、修業に来た人たちの宿泊施設だったらしい。

「頼まれると断れない人なんです」と笑いながら、『さかなのみうら』の社員は、お店を再開するときは、また同じメンバーで集まろうと約束しているんですよ」とおてこちゃん。

それは必ず実現するに違いないけど、僕らも応援したいと心から思った。それから、「さかなのみうら」のお店を再開させることも、僕らの大きな目標になった。

いろいろ話をうかがっているうちに、自分の中で今日の動き方がまとまってきた。

まず、車に目一杯積んである支援物資は、ここでおろしていくことにした。ここなら適切に分配してもらえるから、今日はわざわざ避難所を回る必要がないと考えたのだ。

みんなで物資を次々におろしていく。

すると、内海明美さんという方が、前日支援が行き届いていない避難所に行ってきたというので、物資を送れるようにするために、その避難所の連絡先を教えてもらった（のちに内海さんは津波で旦那さんを亡くされたことを知った）。三浦さんの周りには大変な中でも周囲のことも考えて動く人が揃っている。こういう人たちがいる地域は幸せだ。

——その後、志津川高校避難所は、２０１１年8月末に解散するまで、「ふんばろう」を含め、全国の様々な支援団体からもらい受けた物資を、避難所のみならず、周辺の１０

00人超の住民に配布する活動を続けた。解散後も、ともちゃんは「チームさかなのみうら」の一員となり、冬物家電の配布など一騎当千の活躍をするようになる。そして、内海さんは田尻畑の仮設住宅のリーダーとなり、「PC設置でつながるプロジェクト」などのパイロットケースなどで密に連携していくことになる。

帰り際、せっかくだからみんなで写真を撮りましょう、ということになって、写真を撮る。みんなと握手をする。おてこちゃんは「温かい!」と言って、僕の手のぬくもりに驚いていた。ともちゃんとハグをする。

「明日は、今学期最初の授業があるんですが、四十九日でおじさんの法事があるから休講にしたんです」と僕が言うと、一瞬で哀しみが伝播して、返ってきた。

明日は、南三陸町の亡くなった人たち全員の四十九日なのだ。

涙が出そうになったので、振り返って桜のほうを見ていた。

車に乗り込む。

みんなは「必ずまた来てくださいね」と言って、いつまでも手を振ってくれた。

僕らも手を振っていた。

志津川高校の校庭のすぐ横には仮設住宅が建設されていた。志津川高校の避難者がそのまま移れば、いまのコミュニティがそのまま保てる。しかし、南三陸町の行政は、抽選によって全員をバラバラにしてしまい、志津川高校の何百人もいる避難者の中で、そこに入ることができたのは一組の家族のみだったのである。そして、内田兄弟は一度その仮設住宅に当選したと連絡を受けるが、「間違いでした」とのひと言で取り消されることになる。

仮設住宅のところで車をおりると、住宅とは反対側にある崖のほうに、みな惹きつけられるように歩いていった。

そこには一面に桜が咲いており、その向こう側に、壊滅した街が横たわっていたのだ。おそらく内田兄弟たちは最後にここをのぼってきたのだろう。そして雪が降り積もる中、津波に飲み込まれる故郷を見ていた。真夜中には、多くの人の悲鳴をここで聞いていたのだ。

桜はいままでどこで見たものよりも、きれいに咲き誇っていた。

甲田さんが「それでも桜は咲く……」とつぶやいた。

桜の向こうの瓦礫も、きっと来年にはきれいになっているだろう。

車に乗り込み、志津川高校の坂をおりていく。坂の真下に内田兄弟の家があったと言っていたが、「内田」という表札がある壁を残して跡形もなくなっていた。

瓦礫の山が続く道を、中学生が2人、自転車で走っていた。

5分以上、車で走り続けても、瓦礫の山は途切れることがない。所々で自衛隊が捜索している。

車には4人乗っていたが、誰も口を開く人はいなかった。

名前をつけようのない哀しみというのがあるのだろう。

助手席に座っていると、涙が頬を伝ってきて、景色はにじんで見えなくなった。

第 4 章

半壊地域の苦境と「家電プロジェクト」の立ち上げ

四十九日法要後、石巻へ

志津川高校から帰ってきた翌日、おじさんの四十九日の法事があった。

すでに火葬は終えていたが、お葬式や告別式は従妹の子どもが生まれて、落ち着いてから開くことになっており、その前に法事が来た形になっていた。

法事は団地の中の小さな会場で行われた。

会場に入り、おじさんの満面の笑顔の写真を見たらまた涙が出てきた。所々ですすり泣く声が聞こえる。兄を失った母、そして、学生の頃、バイトでおじさんの手伝いをずっとしていた一つ上の兄の目にも涙が浮かんでいた。

そして、突然、最愛の人を失ったおばさんは、ただ泣いていた。

津波は、自宅の直前まで来て止まったため、自宅にいたおばさんは助かったのだ。

喪主を務めた従弟の和臣君は、このときは涙も見せず気丈に振る舞っていた——2か月後の告別式のときには号泣していたので、きっと感情があふれないように鍵をかけていたのだろう。彼はちょっと見ない間に、心身ともに立派な青年に成長していた。

外に出ると、青い空から光が降り注いでいた。

親族で会食するために車で移動した。

昼食をとりながら、ふいに和臣君と一緒に石巻に行こうと思い立った。

「いまから石巻に行くんだけど一緒に行かない？」と言うと、「明日から瓦礫撤去のボランティアをしようと思っていたので、他にもできることがあってうれしいです」とまっすぐな目を輝かせて言った。瓦礫を撤去したい気持ちが、なんとなくわかる気がした。こういうときは何かできることがあるほうが救われるものだ。

その日は、父は仕事があるというので、母も一緒に３人で行くことになった。

石巻は、牡鹿半島などリアス式の壊滅地域と広大な半壊地域を抱え、３８００人以上もの死者と行方不明者を出した、市町村の中では最大の被災自治体だ。

僕はその日、元々「ラジオ石巻」に出演する予定があったのだが、気になるツイートが届いていた。


「はじめまして。石巻では自宅避難者が避難者から除外されました。市からの物資配布も終わり、沿岸部ではみな片づけに追われ、市役所まで物資を取りにいけません。車すらありません」

このツイートの真偽を自分の目で確かめてこようと思っていたのだ。会食を終えてから、実家に戻り、すぐに着替えて石巻に出発した。

運転しながら、和臣君の話を聞いていた。

東京で4店舗の飲食店のマネージャーをしていたが、本当は2店舗くらいにとどめて質を保ちたいと思っていたこともあり、1月くらいに会社を辞めて仙台のお父さん（おじさん）の手伝いをしていたとのこと。震災前日に、姉（従妹）の子どもの幼稚園での行事に出るために東京に戻ったところ、あの震災が来たので、翌日すぐに帰ってお父さんを捜していたという。僕はそれが偶然とは思えなかったが、「僕が前日東京に帰らなければ、父を助けられたかもしれない、って思うんです」と和臣君。

「……帰っていなければ、和臣君も危なかったかもしれないよ」と僕。

「そうかもしれないとも思うんですが……、自分がいたら父を連れて逃げられたかもしれないと思っちゃうんです……」

残された家族に去来する想いは、複雑なものがあるのだろう。

「前日までお父さんと一緒にいられてよかったじゃない」と母が言うと、

「はい、それは本当によかったです。いろいろなことを話せたので」と和臣君は言った。

半壊地域、渡波の衝撃

三陸道をおりてすぐにラジオ石巻のスタジオに到着した。

「ふんばろう」の説明をして、困っている自宅避難民の方はぜひ電話をしてください、送る方も救われているのだから遠慮はいりませんので、というようなことを話した。

あとで知ることになるのだが、それを聞いて「ふんばろう」を知り、支援を受けた避難宅は少なくなかったようだ。多くの個人避難宅ではラジオしか情報源がなかったのである。

その後、ラジオ局をあとにして、渡波《わたのは》地区に向かう。

ラジオ局から少し行った地点で、１m前後浸水している跡があった。道路の周囲には、床上浸水したために運び出された膨大な粗大ゴミの壁ができており、津波が到達した跡がはっきり残っている。

水面は不気味なほどに高い位置にあり、川に手を伸ばせば届きそうだ。地盤は明らかに下がっているのだ。にもかかわらず土嚢《どのう》も積まれていない。満潮になっただけで冠水するわけだった。僕は、このままでは余震・津波、大雨、台風が来たら大変なことになるだろうと思った。――実際、秋の台風では再度浸水の被害を受けることになった。

信号は消えたままで、警察官が所々で誘導している。建物は残っているが、国道沿いに全域がやられている。ひっくり返った車があちこちに積み上がっており、冠水を防ぐためか、陥没した道路には砂利が敷かれていた。


渡波に向かう途中、ツイッターで連絡をくれた人に電話して、「渡波中学校と女子商業高校の前のエリア」と詳しい場所を教えてもらい、そこにカーナビを設定し、学校から道を挟んだ向かいの区画に車を止めた。


「半壊地域」

その言葉のイメージとそこは、あまりにかけ離れていた。確かに一部の家は残っている。しかし、1階は柱だけで、建物の向こう側が見えるのだ。そして家と家の間には、何台もひっくり返った車が積み重なっている。

同じ被災地でも、南三陸町や陸前高田市とはまったく違う光景だった。石巻のその辺りのエリアは、家々が流され、その間に所々半壊した建物が残っているのだ。

母が、「すみませーん」と、1階が柱だけになった家の中に向かって声をかける。

反応はない。

母がすたすたとどこかに行ってしまったので、「和臣君もそっちに一緒に行って、俺はこっちを捜してみるから」と言って、二手に分かれて動くことにした。

国道沿いの家々は津波に直撃されたようで、半壊と言ってもかろうじて建っているという家が多く、人影はなかった。

ひととおり探索したあと、母に電話する。

つながらない。

どこに行ったのだろうと電話を鳴らしながら車に戻ると、母の携帯は車の中でピカピカ光っていた。

おいおい、携帯置きっぱなしで行くなよなあと内心突っ込みつつ、いったいどこに行ったんだと思いながら、国道から一本内側の通りのほうに、瓦礫を踏みしめながら入っていく。

すると、その通りの向こうから、自転車を2人乗りした中学生くらいの男の子たちが走ってきた。

「こんにちはー。ねえ、この辺って人いるのかな？」と話しかける。

「所々2階にいますよ」と、一方の男の子が答える。

三浦さんが「洗濯物とか生活の跡があるところには人がいる」と言っていたのを思い出す。

よく見ると、所々に数台の自転車が置いてある家がある。もしかしたら、そこには人がいるのかもしれない。

妙に人懐っこい子たちで、応えてくれた愛嬌満点の男の子の名前は、しょうた君という。

「お兄さん、何やってるんすか、フリーのボランティアっすか？」

「うん、まあそんなところ」

その子たちは、明らかにボランティアに慣れていた。

そんなやりとりをしながら、いろいろ周囲の状況を教えてもらう。パンクを修理した自転車を取りにいくところだったこと、避難所になっている近くの鹿妻《かづま》小学校にいること、中学生ではなく高校生であること。

ここで会ったのも何かの縁だろうと、「そこの車にマンガとかあるけどいらない？」と聞く。

「ほしいっす」といい返事。

ときどき一緒に自転車を持ち上げながら、瓦礫の中を一緒に歩いていく。

「この辺はかろうじて家は残っているけど、これじゃかなり大変だね」と言うと、しょうた君は「慣れるっすよ、ハハハ」と友だちと一緒に笑っている。実際には大変じゃないわけがないのだが、この明るさに救われる人は少なくないだろう。車に積んできたマンガ本などを見せると、『ワンピース』や『はじめの一歩』などほしいマンガを数冊選んでいる。そうしているうちに、母と和臣君も車の近くに戻ってきた。僕が「他にもいろいろあるんだけど、持ちきれないだろうから避難所案内してくれないかな」と言うと、「いいっすよ」とまたもやいい返事。物資を届けながら、この地域の情報を集められるかもしれない。

しょうた君が車に乗って、友だちが自転車に乗って案内してくれることになった。途中、しょうた君は「ここ俺んちっす」と、通りかかったアパートを指差す。「大丈夫そうだね」と言うと、「でもあちこちひび割れていて住めないっす」と、しょうた君。

見た目以上に大きなダメージを受けているようだ。

数分で小学校の体育館に到着し、代表者の人のところに案内してもらうことになった。避難所の体育館の中に入る。何気なく入っていったほうがいいと思いつつも、少し緊張した。体育館の中は、所々段ボールで仕切りがされており、たくさんの人がそれぞれのスペースで生活していた。100名近くはいるだろうか。

「昼は家の片づけに戻っている人がいるからこのくらいですけど、夜は300人くらいいますよ」としょうた君。

体育倉庫が本部になっているようで、倉庫の扉をくぐり、代表補佐の女性を紹介してもらった。

プロジェクトの活動が掲載された「河北新報」の記事を見せながら、「ふんばろう」について簡単に説明した。地元新聞は信頼を得るための印籠として絶大な効果を発揮するのだ。

「それで、この周辺の自宅避難民を支援したいと思っているんですが」と訪れた目的を伝えると、その女性は様々な状況を丁寧に話してくれた。

最初は、この体育館に2000人いたこと。いまは300人だから1700人くらいは自宅に戻ったか親戚のところなどに移ったこと。地区会長さんがしっかりしているところは支援物資が行き渡っているが、会長さんが亡くなったり、他に移っていなくなった地区は、物資が行き渡らず悲惨な状態になっていること。小学校でも物資を配っているが、仕事がない、お金がない、車がないという人たちもいて、どこまで配っていいのかというのは判断が難しいこと。

目の前の机の上に地図があったので、「これでこの地域の周辺を教えてください」とお願いして、地図を使いながら教えてくれている様子をiPhoneの動画で撮影させてもらった。かなり詳しく教えてくれたため、周辺の地域の概要をつかむことができた。そして、この避難所の窓口にもなってもらった。

暗くなってきたので、翌日また出直すことにして、その日は実家に戻ることにした。

結局、ツイッターの情報は正しかった。ライフラインが一つも回復しておらず、自衛隊の炊き出しもなくなり、物資も届かず、困っているご高齢の方がたくさんいる地域があったのだ。50日も経っているのになぜ、という思いが浮かんできたが、いまはとにかく、そこで困っている人をどうにかしなければならない。

その日、「河北新報」の記者さんに電話で渡波の状況を伝えると、被災者にインタビューして記事にしたいということで、翌日現地で待ち合わせることになった。

震災から50日経っても、「水も電気もガスも通っていない」現実

翌日は父とともに渡波に向かった。

支援物資を配りながら、継続的に物資を配布する窓口になってくれる人を探して歩くことにした。

まず渡波の2区に行き、家の片づけをしている人たちに話しかける。

ある高齢の男性は、「津波で電信柱が家に倒れてきてものすごい衝撃があった」と言っていた。見ると、目の前の家に電信柱が倒れかかっている。他の家族は、被害のない地域に避難させて、ずっと一人で家を守っていたとのこと。

しかし、栄田2区よりも海岸に近い栄田1区のほうがさらにひどいという。

区長さんが津波で亡くなり、配給もままならず、車もないために買い出しにも行けず、ライフラインが何一つ通っていないところもある、高齢者ばかりの地区。支援物資は鹿妻小学校などで配給しているが長蛇の列で、ご高齢の方は並ぶこともできないとのこと。

その場で物資を配り始めると、人が集まってくる。養命酒は、元々飲んでいた人が多かったようで、飛ぶようになくなった。「1区で支援物資を受け取ってくださる窓口になってくれそうな人、いませんかね」と言うと、小柄でハツラツとした60代ほどの女性が案内してくれるという。

早速車に乗ってもらい移動すると、驚いたことに、案内されたのは前日にしょうた君と出会ったまさにその道、その場所だった。人の気配があまりないと思っていたが、やはりこの辺りには人が住んでいたのだ。

紹介された方は、年齢はうちの両親ほどで、若々しく温かな雰囲気の太田さんご夫婦だった。奥さんは小柄で、つぶらでやさしい目をしており、疲れはあるようだったが、ときおりくったくのない笑顔を見せながら、いろいろなことを話してくれた。

「この地域はライフラインが回復していないと聞いたんですが」と言うと、「ええ、そうです。水も電気もガスも通ってないですね」と奥さん。

「最初は避難所におられたんですか？」と僕。

「はい。でも、避難所も避難者がたくさんいて大変だろうから、自宅が残っている自分たちは戻ろうと思って家に戻ったんです。家の中も滅茶苦茶で、道も瓦礫だらけだったから、ちょっとの距離も移動するのは本当に大変で。自宅を必死に掃除して、瓦礫で埋まった道を水を運んできてどうにか暮らしていたんです。でも、避難所には物資が届くんですけど、そうしてがんばっている私たちは物資ももらえないんですよね……」

津波から逃げ切った太田夫妻

「津波からはどうやって逃げたんですか？」

「逃げようと思ってワンちゃんたちを車に乗せて、自分たちも乗ろうとしたら、すぐそこに津波が来ていて、夫と一緒に流されたんです。あまりにも突然津波が現れたので、マンホールの蓋があいて水が飛び出してきたと思ったんですよ。それで向かい側の家に流されて、私は紐のようなものにつかまって、夫はカーテンにつかまって私を支えてくれて」と太田さん。

津波に流されていたことに内心驚きながらも、うなずきながら話を聞き続ける。

「そしたら、津波の第二波が来たんですが、水かさが増したおかげでその家の屋根の上にあがれたんです。窓が開いていたから中に入らせてもらって。私は自宅まで泳いで戻ろうとしたら、夫は漁師なもので、引き波が怖いからまだダメだって言うもので、しばらくそのまいたんです。それからもう大丈夫だろう、と言うので、向かいの自宅まで泳いで帰ったんです。私も離島出身のものだから、幸い泳ぎは得意だったので」

「そうでしたか……」

「車に乗せていた3匹のワンちゃんは車ごと流されて、ゆくえがわからなくなって。でも数日後、そこの倉庫の中で車が発見されて、1匹だけ生きていて、見つけてくれた中国人の方が届けてくれたときには、うれしくて泣いちゃってね……」

「よかったですねえ……」と僕。

「それで、車はちゃんとバックで倉庫に車庫入れされてたのよ」と言って笑う太田さん。悲しくないわけはなく、つらくないのでもなく、大丈夫なのでもないのだろう。ただ、過酷な状況であるほど、笑える強さが武器になる。

その狭い地区だけで数十人の方が亡くなり、車で逃げた人も多くの人が途中で流されて亡くなったとのこと。

太田さんご夫婦は、結果としては、車に乗る前に流されたことで助かったと言えるかもしれない。被災地では、多くの人がちょっとしたことから、この世とあの世に分けられることになったのだ。

その後、太田さんは「河北新報」の取材も受けて、この日の記事は翌日掲載された。地元で最も強いメディアである。これで少しは支援が行き届くだろうと思ったのだが、その考えは甘かったことを思い知らされることになる。その後しばらくの間、この地域は食料確保すらままならない状態が続いたのだ。

そして、このときに出会った太田さんが、渡波の物資支援の窓口となり、「家電プロジェクト」実施時の拠点として力を尽くしてくれることになる。

「家電プロジェクト」はどうやって動き始めたか

東京に戻ると、すぐに「家電プロジェクト」を本格的に始動させるべく準備を始めた。

２０１１年4月に「ふんばろう」を立ち上げた時点で、近い将来、必ず家電は必要になるため、早いうちにストックしておいたほうがいい、という提言をしてきたが、渡波で半壊地域の惨状を目の当たりにして、至急半壊した自宅に戻って生活する人に対する支援を行わなければならない、と考えたのだ。

すでに、ホームページに登録されている避難所の中には、募集物資の一つとして家電を掲載しているところもあり、送られることはあったのだが、食料品と並列してテレビなどの家電が掲載されているとぜいたく品に見えてしまい、アマゾンでも高額のため、送ってくれる人も限られている状況であった。そのため、物資支援とは別の「家電プロジェクト」として立ち上げる必要があったのだ。

この「家電プロジェクト」を、構造構成主義の「方法の原理」に沿って説明してみよう。方法の原理とは、方法の有効性は**（1）状況と（2）目的によって規定される**ため、状況を踏まえて、目的を見定めつつ、その時点、その場で有効な方法を考案すればいいという考え方である。以下にまず**「状況」**を確認していこう。

まず石巻の渡波のような半壊地域には、１階が壊滅的な打撃を受けており、柱だけになった家に戻って、２階を中心に暮らしている人たちがたくさんいることがわかった。そして、そうした半壊地域は膨大に広がっていた。

そして、冷蔵庫や洗濯機、炊飯器、テレビ、といった重要な家電はたいがい１階にある。元々東北地方は他地域と比べものにならないほど景気が悪いのだが、持ち家率が高いために家賃がかからないことによって、年金と多少の収入でなんとか生計を立てる人も少なくない。そういう人たちが、セーフティネットとなる家や財産を失ってしまったら、家電を一式揃える余裕などはない。

仮設住宅への入居者には、家電６点セット（洗濯機・冷蔵庫・炊飯器・テレビ・電子レンジ・電気ポット）が寄贈されるが、ミシン、アイロン、掃除機など主婦業に欠かせない家電はそこには含まれない。そして、**半壊した自宅に戻って暮らしている人には、日本赤十字社から家電はまったく支給されない。**家と家電を失った人に仮設住宅と家電を与えるのならば、家電を失った人には家電を与えるほうが整合性があるのだが、なぜか**自宅避難者は対象外**となっているのである。

これらが「家電プロジェクト」を実施するうえで踏まえた「状況」であった。

そこで、2011年5月に被災地から戻ってくると、早速生活再建に必要な電化製品を送るプロジェクトを始動させることにしたのである。

しかし、新たなプロジェクトを立ち上げるのは容易なことではない。しかも、できるだけ早くとなれば至難の業であった。そういうときは、ど真ん中に立って牽引してくれる人が必要だ。そこで、マネジメント募集の次のようなツイートをツイッターで流した。

「生活の30〜50%以上のエネルギーで〝本気で〟「ふんばろう東日本支援プロジェクト」の各支部やプロジェクトのマネジメントに関わりたいという方は僕のツイッターに連絡（@saijotakeo）してください。フォローさせていただきますので、ダイレクトメッセージにて簡単な経歴を送ってください。どうぞよろしくお願いします」

このツイッターを見た方からメンション（@saijotakeo）が来たら、ダイレクトメッセージを送ってもらい、最も的確な役職を受け持ってもらうことにしたのだ。

この募集によって、国会議員の秘書を14年務めた経験があり、のちに秘書になってくれる渡辺一雄さん、大手予備校のマネジメントをしており、のちに会計チームのリーダーを務める中川國敏さんなど、中核メンバーとなる人材が集まった。

そして、その中に、２０１１年7月まで「家電プロジェクト」のリーダーを務めてくれた板橋区議会議員の中妻じょうたさんもいた。電話で「ちょうど『家電プロジェクト』を立ち上げるので、リーダーをやってくれませんか」とお願いしたところ、「わかりました」と二つ返事で引き受けてくれた。

初期の中古家電を中心とした「家電プロジェクト」の概要は以下のようなものだ。

多くの家庭には、まだまだ使えるが、使っていない家電の一つや二つはある。また、結婚して2世帯が1所帯になる際に、冷蔵庫や洗濯機といった大型家電が余ることも少なくない。その家電を被災地に送って役立ててもらおうというアイディアだった。もちろん新品も大歓迎。

家電を配布する際に必要なものは、**罹災証明書のコピーだけにして、そのデータを管理して配布の重複を避けるる**ようにする。**手続きはできるだけ簡素にする**ことが肝要だ。

最初の「家電プロジェクト」は、中妻議員の地元のネットワークを活かすため、板橋区で行うことになった。また、運送業界の若きリーダーである佐久間恒好さんや中嶋剛登さんといったプロフェッショナルの協力が得られたことも大きかった。

中妻さんの尽力と、プロジェクトに共感する多くのスタッフの懸命の努力のおかげで、**実に始動してから1週間で、第1回の家電収集が実現した**のだった。そして、妻や義理の母もそれぞれのマンションの住民に声をかけて、中古家電や新品の家電を集めてくれた（蓋をあけてみると、2人が集めた家電は全体の5分の1に及んでいたので、マンションベースの「家電プロジェクト」はかなりコストパフォーマンスがよいと考えられる）。

かつてない5日間の強行遠征

2011年5月末、現地での家電配布も含めて、5日間で被災地各地を回る計画を立てていた。

震災前までゴールドペーパードライバーだった僕は、震災後にひととおり運転できるようになったものの、移動しながら電話したり、ネットがつながるところではツイートしたりする必要があるため、運転手は必要だった。仙台にいる父には仕事がある。さすがに5日間も運転手をやってもらうわけにはいかない。

4月9日の第1回「ふんばろう」全体ミーティングの懇親会終了後に、ある人が、「そのうち本当に大変になるときが来るだろうから、そのときはすぐに連絡をください。運転手でもなんでもやります。あなたができないような泥臭い仕事もしますから」と言ってくれていたのを思い出した。

いまこそそのときかな、と思い、電話したところ、「わかりました」と言って二つ返事で運転手を引き受けてくださった。それが東京で会社を経営している平島武文さんだった。また早くから被災地で支援活動をしていたピーチ・ジョンの野口美佳さんが無償でバス2台を貸してくださったため、渡辺一雄さんの引率のもと「ふんばろう」本体のボランティアバスツアーを行うことになっており、今回の東北遠征では平島さんと僕は別働隊として動くことになっていた。

被災地に向かう車中で、平島さんといろいろ話した。

平島さんは、『聖者の行進』というテレビドラマの題材となった知的障がい者虐待事件の被害者救済運動の事務局長をしていた方だった。50代ほどで、細身で姿勢がよく、目には深い湖のような慈愛と知性を湛《たた》えている。

「僕は高校生の頃からいろいろな社会運動に関わった経験などがあり、いままでいつでもリーダーとしてやってきた。しかし、今回西條さんのツイートを読んで、生まれて初めてこの人に仕えようと思えたんですよ」とおっしゃっていた。

歴戦の勇者が仲間になってくれたようなもので、これ以上心強いことはなかった。

この平島さんと、被災地3県を1000㎞にもわたって移動しながら、各所で活動していくことになったのである。

２０１１年5月28日の第2回「ふんばろう」宮城支部ミーティングでは、地元の新聞などで活動を知った僕の小学校の同級生も来ていた。第１回のときから参加してくれた小中学校の同級生の高橋周吾君は、そのシステムエンジニアの力を活かし、のちにネット上で寄付を募るＥＣサイト、カード決済可のマッチングサイトを単独でつくってくれた。黙々とやるべきことを実現してくれる同級生の存在は本当にありがたかった。

また、新メンバーの中には、ラジオをきっかけにホームページに登録された避難宅から「自宅は修理して一段落ついたから、もっと困っている人のために活動したい」と現れた石井大介君などもいた。彼は、おっとりした愛されキャラだが、東北人らしい粘り強さで、その後宮城県、岩手県にまたがり、家電の配布などに大車輪の活躍をすることになる。

そして、5月29日の午前中には、お店をなくした被災者がアマゾンに無料で出店するための説明会を仙台で開催し、その後高速道路を飛ばして郡山に移動し、福島支部の立ち上げと「ガイガーカウンタープロジェクト」の発足会を実施した。翌日30日は南三陸町で活動し、翌31日には、気仙沼を経由して陸前高田市で「重機免許取得プロジェクト」の視察と岩手支部ミーティングを行い、また南三陸町に帰ってくるというかつてない強行軍を決行したのである。

家電配布はどうやって行われたか

最終日となる6月1日は、いよいよこの前日に東京の板橋区で収集した家電を、石巻の渡波で配布することになっていた。

最初の配布は、渡波の太田さん宅前で行うことになったのだが、家電を集めた感触からスタッフが20名は必要という報告を受けていた。「ふんばろう」のボランティアツアーのスタッフが10人ほどいるが、残り10人を急遽集めなければならない。

そこで、実家の父に連絡した。

「明日、石巻で家電配布をするんだけど、手伝ってもらえないだろうか」と言うと、「わかった。何時に、どこに行けばいい？」と父。「この前行った渡波の太田さんのところに。10人くらいいると助かるから、和臣君や親戚にも声かけてもらえないかな」と言うと、「わかった。電話しておく」と言って、電話を終えた。なんと言っても、家族は話が早い。

親族のネットワークがこれほどまでに心強いものであることもまた支援活動を通して学ん

だことの一つだ。
1日朝、渡辺一雄さんの案内で、ホテル観洋の保育施設マリンパルに立ち寄り、「ふんばろう」の支援先となっていた三浦美香さんをはじめとする保育士さんたちと初めて会うことができた（——のちにこのご縁からホテル観洋の女将さんを紹介してもらい、様々なプロジェクトにおいて密に連携していくことになる）。ちびっ子たちに癒されてから、平島さんの車に乗り込み、渡波に向かった。

現地に到着すると、1か月ぶりに会った渡波の太田さんは、前に会ったときより元気そうに見えた。周囲の瓦礫も1か月前よりは片づいているようだ。

親戚や「ふんばろう」のスタッフ、被災した父の友人やその息子さんなどが続々と手伝いに集まってきた。亡くなったおじさんの奥さんであるのりこおばさんは「呼んでくれてありがとうね。自分にもできることがあってうれしい」と微笑んでいた。

家電を受け取るために、被災者の方々もかなりの人数が集まってきた。

太田さんの姪の佐藤かよ子さんがその場で紙切れに番号を書いていき、簡単な番号札をつくってくださった。僕は大きな声でみなさんに説明した。

「これは昨日東京で一般市民の方が持ってきてくださった家電です。冷蔵庫や洗濯機のような大型家電は一家族で一つ。ドライヤーなどの数千円くらいのものであれば、一家庭で

２つ選んでください。番号札の番号を10番ずつ呼びますので、呼ばれた方から広場に行き、家電を選び、こちらで受付をしてください。運ぶ必要がある場合には、そちらのバンやトラックで運びますので、近くにいるスタッフに声をかけてください」

時間ちょうどに４ｔトラックが到着する。扉を開くと、中にはびっしりと家電が詰まっていた。梱包も完璧だ。そこには佐久間さんたち運送のプロフェッショナルの誇りが凝縮されていた。

「すみませんが、力のある男性の方は、おろすのを手伝ってください」と言うと、若者や、初老に差しかかってはいるが、おそらく漁師などで腕を鳴らした男たちが、次々と大型家電をおろす作業に手を貸してくれた。単に物をもらうだけよりも、みんなでこうしたイベントをつくり上げるという形のほうがうれしいのだろう。その姿はみなイキイキとしていた。

そうこうしているうちに、家電を求める近所の方々の長い行列ができていく。スタッフはまだ足りていなかったので、「最初に家電をもらった方で余裕のある方は、スタッフとしてお手伝いしてください」とお願いする。

そこは、たちまちお祭りの会場のような雰囲気になった。

水色のビニールシートの上に、たくさんの家電が誇らしげに並んでいる。

順次10人ごとにそこに向かうと、贈り物を選ぶように、どの家電がいいかうれしそうに選んでいる。スタッフはあわただしく動いているが、みな充実した表情をしている。

平島さんは、みんなのイキイキした雰囲気に感激した様子で、「このプロジェクトは本当にすばらしい！」と言って、触れ合った現地の人に「必ずまた持ってきますから！」と約束していた。

次々と家電を手にして帰っていく。そして、洗濯機や冷蔵庫のような大型家電は、配送スタッフがまとめて自宅までお届けした。

最後にほしい家電が手に入らない人が出ることを予想していたので、「最後の方には、おまけです」と言って、積んできた日常生活用品などの支援物資からも選んでもらった。

そうしているうちに、ほとんどの家電がなくなり、みな満足して帰っていってくれたようだった。

大成功、と言っていいだろう。

その後、このように中古家電を中心に集めるスタイルの「家電プロジェクト」は、各地に広がり、２０１１年6～11月にかけて、早稲田大学、板橋区、渋谷区、大田区、中野区、東京都府中市、山梨県、名古屋市、山口県で収集した**２５００個以上の家電**を、相馬市、石巻市、南三陸町、陸前高田市、気仙沼市、大船渡市、大槌町、宮古市といった被災各地で配布することになる。

どうやって家電から心のケアにつなげるのか

家電をひととおり配り終えると、僕と平島さんは、渡波を中心に新たな支援物資の窓口をつくるべく現地を歩いた。

5～10宅程度の規模で支援窓口をつくれれば、窓口になってくれる人の負担も減ると考えたため、余った家電を配りながら現地の情報を集めつつ、窓口を増やせればと考えたのだ。

いくつか窓口になってくれる人を見つけたあと、犬を連れて庭先に出ている女性と出会った。庭にはひっくり返った数台の車が積み重なっている。

「この辺はライフラインとかどうですか？」と聞くと、「外は電気が来ているけども、家はブレーカーがやられていて、家電はまだ使えないんです」とその女性。

「向かい側の家のご両親が亡くなられたんで、その娘さんを預かっていたんです……。生き地獄でした」

「そうでしたか……」、それ以上言葉がなかった。

「電気が使えるようになったら、使ってください」と言って、電気ポットなどの小型家電を手渡して、そこをあとにした。

また少し離れた地域を走っていると、道ばたを一人のおばあちゃんと50代くらいの細身の女性が歩いていたので、車から「こんにちはー」と声をかけた。女性は佐藤さんという方だった。「河北新報」に掲載された記事を見せながら、「ふんばろう」の活動について簡単に話したうえで、佐藤さんのお宅がある栄田の隣の黄金浜《こがねはま》という地域の状況を教えてもらう。車に炊飯器などの家電がまだあったので、お礼にお渡しすることにした。

重たいだろうと思ったので家まで送っていったところ、「ぜひあがっていってください」というので、平島さんとともにちょっとだけお邪魔することにした。

まだ家の中は掃除できていないようで、「土足であがってください」と言われるがまま、靴のまま部屋に足を踏み入れた。

1階の天井付近まで水が来た跡がある。佐藤さんに勧められて、平島さんと2人で台所のテーブルに座ると、「よかったらどうぞ」と言ってパンを差し出してくれた。

朝から何も食べていなかったので、「ではありがたく一つだけ」といただくことにした。そして、話をうかがっているうちに、震災当日の話になっていった。

「私、車で逃げている途中に津波に５００ｍ以上流されたんです」と佐藤さん。

「……そうでしたか……怖かったでしょうね」と僕。

「津波は車の後ろから来たから、追いかけられる怖さは感じなかったんです」

「……無事で何よりでしたね」

「私はおぼれかけたんですが、たまたま陸のほうに押し上げられて助かったんです。でも隣に乗っていたお父さんは窓の外に出て、津波に流されて助からなかったんです……」

「……そうでしたか……」

「助けられなかったから、いまでもお父さんが恨んでいるんじゃないか、って思ってしまって……」

　そんなことはないと思いますよ、と思ったものの、それは声にはならなかった。本人も頭ではわかっていても、自責の念に襲われるのかもしれない。

　こういう心理的なケアが必要な方はたくさんいるのだろう。

　――この経験がきっかけとなり、翌朝目覚めると「家電プロジェクト」と心理的なケアを連動させる方法を思いついた。

　それはシンプルな方法だ。家電に返信用ハガキをつけて、

「□　家族や自分が心の問題を抱えているため専門家から連絡がほしい」といったチェック項目を設け、それに該当する人には、専門家から連絡してもらうのである。――これはのちに教育、法律相談などにも応用されることになる。

僕らが少しでも進めておけば、次の世代がさらに進めてくれる

平島さんの運転で真っ暗な東北道をひた走りながら、僕らは4日間を振り返って様々なことについてしみじみと語り合った。

そして東京が近くなってきた頃、平島さんはふいに「僕はまだリミッターが外れていないんですよ……」と語り出した。

「僕は、水戸事件（多くの知的障がい者が社長により暴行や虐待を受け、強姦されていた事件）に関わり、障がい者の人権運動を進める中で、人間に失望してしまったんですよ」と。ハンドルを握るその横顔はひどく哀しげな目をしていた。

「そうでしたか……」

「でも西條さんのツイートを見て、そういう思いとは関係なく、これだけ苦境に立たされている人がいるのだから、とにかくやらなきゃいけないと思えたんです。でも、どうして

もリミッターは外れなかった。だからあなたをサポートしようと思ったんです。リミッターが外れている船に乗れば、実質的にリミッターが外れているのと同じことになりますからね」

「きっと平島さんは、人間は素晴らしい存在であってほしい、という想いが強いんですね」と僕。

「そう、僕は理想主義者なんですよ」と平島さん。

哲学書を読むという話も聞いていたので、僕は少し哲学の話をすることにした。

哲学は、答えのない問題を考え続けるだけの無用の長物、哲学者のパズルと揶揄されることもあるが、本来**哲学とは深くて強靭な考え方**のことであり、時代が飛躍的に進むときには、ある強靭な「考え方」が人々を力強く牽引していったのである。

「ニーチェは隣人愛を説くキリスト教を徹底的に批判したんです。理想主義から入ると、それが崩れたときに、その反動で懐疑論やニヒリズムに陥ってしまうからです」

「はい」

「そして、人間も社会も完璧になるということはありませんから、理想主義はいつか崩れます。だからニーチェは、いわば戦略的ニヒリズムという考えを打ち出します。あえて真理も完全な社会もないというニヒリズムを出発点とすることで、それでもいまよりはマシにすることはできる、といった形で、最終的にニヒリズムに回収されないようにしたわけです」

「なるほど」

「また、時間を止めて固定的に考えると、一人ひとりの力はあまりに小さく無意味なもののように感じてしまいますが、時間というファクターを入れて考えるとそんなことはないとわかります」

「時間……」

「僕らだけですべてを完成させる必要はないんです。僕はこの震災をきっかけに、少しでも社会がいい方向に変わるきっかけになればという想いも持っています。その意味では、『ふんばろう』もそうした活動の一つと言うことができると思います。そして、このプロジェクトはきっとうまくいくだろうと思ってますが、それでも社会が突然よくなるということはないかもしれません」

平島さんは黙ってうなずいている。

「それでも僕はこう思うんです。**僕らが少しでも進めておけば、そこを出発点として、子**

どもたちが、次の世代がさらに進めてくれる。強い意志は継承されます」

「そうか……僕が社会を変えられなかったとしても、息子たちが引き継いでくれると考えると希望が湧いてくるな」

「平島さんが、実際に水戸事件の被害者となった障がい者を守る運動をされたことによって、障がい者の立場は大きく改善されたわけですよね。いまも完全に問題がなくなったわけじゃないでしょうが、その世界を何十歩も先に進めたのは確かなわけで、次の世代はそこを出発点とすることができています。そうやって社会は進んでいるんだと思います」

「うん」

「何よりも、平島さんには聡明なお子さんもいらっしゃるじゃないですか」

「……いま、ようやくリミッターが外れたよ。僕は若い頃からニヒリズムのような考え方にはなるまいと思っていたけど、いつのまにかそうなっていたのかもしれない。まさか帰り道にこんなことが起こるなんて。よーし、やるぞ！」

平島さんは晴れ晴れとした笑顔でそう言った。

その後、平島さんはその力をいかんなく発揮して、２０１１年の夏には、現地での陣頭指揮を取ってくれることになる。

そして、扇風機が品切れして被災地では眠れない日々が続く中、平島さんの少しでも涼しくすごしてもらいたい、という強い想いが契機となり、急遽「扇風機プロジェクト」を立ち上げることにした。それによって、実に6000世帯もの家庭に扇風機を届けることができたのである。

その後、平島さんは密に連携を取りながらも、あえて「ふんばろう」を離れて活動することになり、「ヒューマンリンク」の代表として「あったかストーブプロジェクト」を立ち上げ、行政の支援が行き届かない1600世帯以上の自宅避難宅などにストーブを届けた――。

こうして〝意志〟は引き継がれ、拡散していくのだろう。

それは、腐敗した組織に対抗する唯一の希望なのだと思う。

第 5 章

「ほぼ日」と糸井重里
――「西條剛央の、すんごいアイディア。」外伝

「ふんばろう」は、その活動が拡大するにつれて、テレビ、ラジオ、大手新聞、各種雑誌といったあらゆるメディアに取り上げられた。

僕自身、社会を変えるインフラとしてのインターネットの可能性を目の当たりにすることになったが、しかし同時に既存のメディアの威力を再認識することにもなった。

大手新聞に加え、「河北新報」や「岩手日報」「福島民報」といった地元新聞に掲載されることは、現地で活動するうえで圧倒的な影響力を持っていた。ひと言で言えば、信頼が得られるのである。

ラジオは、電気が回復せず、家電を失った地域に情報提供する際に、最も大きな力を発揮した。また、女性誌やファッション誌をはじめとする各種雑誌に取り上げられることによって、主婦層をはじめとするインターネットをやらない人たちの間に広まるきっかけとなった。

また、テレビでは、NHKニュースを中心に幾度も報道された。2011年春すぎから初夏にかけて、45分のインタビュー番組『東北Z』、フジテレビ系列の震災特番『ともに』

『プライムニュース』、テレビ東京系『ガイアの夜明け』で取り上げられることにより、社会に広く認知されるきっかけとなった。

しかし、そうした中においても、後々まで圧倒的な影響力を持ったのは、インターネット上で連載されている「ほぼ日刊イトイ新聞」（以下、「ほぼ日」）であった。糸井重里さんとの対談「西條剛央さんの、すんごいアイディア。」として6月中旬〜下旬に7回連続で掲載されたのである。

その後、このプロジェクトに関心を持ったあらゆるメディア、連携企業が異口同音に『ほぼ日』を読みまして」と口にしていた。この連載が、糸井重里さんの人間性と「ほぼ日」の信頼と実績に裏づけられて、いつでも読めて、誰にでも紹介できる、インターネットを介した〝最強の口コミツール〟として機能することになったのである。

「ほぼ日」、初訪問

「ほぼ日」は、おしゃれな大人の街の代表とも言える表参道の一画のビルの2階にあった。

いつものようにコカ・コーラゼロを買ってから、その階段をのぼる。僕はどうもコーラを飲まないと調子が出ないので、大事なイベントの前にはそれを飲むのが習慣となっていた。

扉に「ほぼ日刊イトイ新聞」と書いてある。ここに間違いない。インターホンを押して中に入れてもらうと、そこは壁一面が良質の木材でできている、見たことのないスタイルのオフィスだった。そこには自然のもたらす温かみと落ち着きがあった。

のびやかに動ける広いスペースに大きな机が並び、それぞれの机の上にはマッキントッシュの大きな画面がある。何よりも、スタッフがのびのびとした表情をしているのが印象的だった。

ここで働ける人は幸せだなあと思いながら、木に囲まれた部屋で、何人かのスタッフと名刺交換する。少し雑談をしたあと、「対談は社長室で行いますので」と言って、別室に案内された。

初めて会う糸井さんは、身体の隅から隅まで自然体、という風体だった。世の中の動向に疎い僕は、糸井さんの事前知識をあまり持っていなかった。

著名人であり、「ほぼ日」を経営されていて、大学院の後輩が「ほぼ日」のファンだったことから、面白そうなことをされているな、といった漠然としたことしか知らなかったが、それでいいだろうとも思っていた。

　事前知識は、自分の中に枠組みをつくることになり、それは思い込みや盲目を生む。僕は中学から大学までソフトテニスをやっていた経験からも、そしてその後の研究者としての経験からも、事前知識を持たないほうがいいことが多いということを学んでいた。テニスの対戦相手に対して「あの人は強い（弱い）」と思い込むことが試合の障害になったり、著書を読んで「あの人は素晴らしい」と思って実際に会ったらがっかりするということはめずらしくなかった。

　相手が誰であれ、自分の目で確かめるのが一番いいと思っているし、また出会うべき縁のある人はおのずと出会うだろうとも思っている。

　だから、この対談が始まったとき、僕は糸井重里さんという人はどういう人間なのだろうと思っていた。それは、糸井さんも同じだったかもしれない。

「いまは、どういう状況ですか。落ち着いていらっしゃいます？」と糸井さん。

「いや、落ち着いてはないですね。怒濤の日々……と言いますか」

「ご自分のお仕事は？」

「週に2日は早稲田の大学院で教えているのですが、それ以外はもう、全部プロジェクトのことで」

対談は、そんなやりとりから静かに始まった。

「そんな体験、いままでの日本人は、してないと思う」

「震災当時は、西條さんもやっぱり、同じように忙しかったんでしょう?」

「いえ、僕が初めて被災地に入ったのは、3月31日なんです。『明日、ガソリンが実家に入るぞ』って聞いたときでした。つまり、動き始めもそこからです」

「とすると、3月11日の地震から30日までの間、西條さんが何を考えていたのか、逆に聞きたくなりますね」と糸井さん。

幾度もインタビューを受けてきたが、こういう質問を受けたのは初めてだった。プロジェクト開始時点からしか聞かれたことはなかったのだ。

——何か他の人と違うな——と感じつつ、震災からプロジェクトを立ち上げるまで、何を考え、どういうことをしていたかを説明した。

「なるほど、そうでしたか。どれくらい前だろう、僕のツイッターに『西條さんと会わないんですか』みたいな声が、わさわさと聞こえてきたんです。会わないも何も、そのときは西條さんがどんな人なのか知らなくて……。前からずーっと、災害支援の活動をしている人かと思ったら、そうじゃなかった。災害のプロ中のプロも動いていれば、西條さんみたいに、この渦の中で、そんなはずじゃなかったのに動いている人もいる。そういう震災だったんだと思ったんで、お会いしてみよう、と」

「僕のほうにも、『糸井さんと、つながってください』という声がたくさん来ました」

「プロジェクトはいま、どういう規模になっているんですか？」と糸井さん。

「現時点で、関わっている人数は、４００～５００人といったところだと思います。様々な部門がどんどん立ち上がって、動きながら拡大している感じです。当初中核になってくれた人は知り合いです。でも、いきなりネット上でできあがった組織なので、会ったことのない人もたくさんいるんです。立ち上げて数日後には、ものすごい大きさになってしまったし……」

「面白いですよね。『学者さん』である西條さんのところに人が集まって、あの人と会いなさいってアドバイスする人がいたり、俺は何すればいいですかって聞く人がいたり。そんな状態で、一つの組織ができあがっていくわけですよね。**そんな体験、いままでの日本人は、してないと思う**」

「そうかもしれません。僕は世間的には、ほぼ無名ですから。とにかく、今度のことは、ツイッターの存在がすごく大きいです。いろんな人をつなげてくれた」と僕が言うと、「みんなが、方向性のわからないベクトルみたいなものを持っていて、手をつなぐ先を探していたんですよね、きっと」と糸井さんは言った。

現地での体感を「方法化」していく

僕はなんとなく、普段は話さないプロジェクトの背景にある理論について話してもいい気がしたので、「構造構成主義」について話してみることにした。

「僕はこうすればうまくいくという『構想』を出していくのがわりと得意みたいなんです」

「そういう学問をしていたんですか?」

「そうなんです。これは、有事に適した考え方だと思っているんですが、元々『構造構成主義』という学問をやっていたんですね。今回の震災では、たとえばボランティアとはこう組織するものだ、物を送るときのノウハウは……、という『経験』が、すべてとは言わないまでも、かなり通用しませんでしたよね」

「ええ、ええ」

「僕のやっている『構造構成主義』とは、『無形の型』みたいな、何にでも通用する『原理』なんです。価値の原理でもあるし、方法の原理でもあって……。たとえば『方法とは何か』という問いがあります。つまりすべての『方法』に当てはまる『共通の原理』とは何か。そういうふうに考える学問をやっていまして、その『原理』を、学問的につくって持っていたんですよ」

「はー……」

「『方法』というのは、必ず『ある特定の状況』で使われますよね。『ある特定の状況』のもとで『ある目的を達成する手段』のことを『方法』と呼びますが、これって定義上『例外』がないんです。要するに、考えればいいポイントは2つしかない。それは『**状況**』と『**目的**』です。いまはどういう状況で、何を目的にしているのか。今回の場合、目的は『被災者支援』ですけれども、この2つを見定めることで、『方法』の有効性が決まってくるんです」

「つまり『方法ありき』ではない、と」

「そうそう、そうなんですよ。『方法』は、柔軟に形を変えていいんです。初めて行った被災地が南三陸町だったんですが、そのときは、こんな大きなプロジェクトをやろうなんて、まったく思っていませんでした。とにかく、やれることをやんなきゃと思って、バンを荷物でいっぱいにして行ったんです。被災地は何百㎞にも及んでいるわけだから、普通に考えたら、物が足りているなんてことはありえない。絶対、人が行ってないところがあるはずだ、と」

「なるほど……ええ」

「それにしても、あまりにもすべてが、破壊されていました。その場におり立ったら、すぐに、言葉を失ってしまいました」

「うん、うん」

「ふらふらと被災地をさまよい歩いている感じでした。でも、たまたま、現地の三浦さんという方と知り合いまして、『大きな避難所は、すでに物資が山積みになっているから、小さな避難所を案内するよ』と。それが、4月1日のことだったんです。6か所の避難所を案内していただいて、必要な物を渡していきました。そうしたら、それこそペン1本ないし、賞味期限の切れた物しか食べていない。赤ちゃん用のおしりふきを手にした人が、『自分たちも使わせてもらいます。誰もお風呂に入れてないから』と。全然、届いてないんだと思って」

「うん、うん」

「縁あって知り合った三浦さんが、南三陸でどこにでも顔が利く人だったんです。なので、三浦さんに必要なものを聞いてもらって、『僕が、それを全部集めますから、一緒にふんばりましょう』と。そう約束して実家の仙台に帰ってからも、ひたすら『南三陸町レポート』を書いていました。テレビで見て知った気になっていたけど、現場は全然違う。愛知から物資をトラックに満載して行ったのに、避難所で追い返された人がいるという話も聞いていました。だから、どうしたら個人で行っても役立つことができるのか、貢献できるのか。その辺りを**うまく『方法化』できたら、他の人もマネできる**じゃないですか」

「要するに、そこでさっき言っていた学問の出番だったわけだ。つまり……『方法』を考え出そうと」と糸井さん。

「そうです。ツイッターでつぶやいて、ある程度まとまったら、方法化して、ブログに載せました。そんなことをほとんど寝ないでやっていたら、フォロワーが1時間に1000人くらいどんどん増えていって、翌日の昼にはもう、サイトを立ち上げたんです」

被災者の多くはパソコンを使えない現実

「プロジェクトの協力者の中に会ったことのない人がたくさんいるってことは、ネット上に仮想の事務局をつくるってことですよね？」と糸井さん。

「ええ、言ってみれば」と僕。

「でも、実際に物が動いたり、人が集まったり……ということは、必要になりますよね。その辺りのことも、西條さんの『構造構成主義』という学問の枠組みで考えられているんですか？」

『原理』というものが便利なのは、**『情報さえ与えてやれば、答えは導き出せる』**という点なんです。」

「ほう」と糸井さん。目に好奇の光が宿っている。

「もちろん僕自身は、物流の仕組みを構築するなんてことはやったこともないです。でも、構造構成主義の原理に照らして、既存の方法にとらわれないやり方で対応できたと思います」

「現地に『窓口をつくる』って言いますけど、被災地ごと、避難所ごとに、やり方を指導してくるんですか？」

「いやいや、それは一切やっていません。全部僕らが、直接電話で聞いてサイトに掲載してあげるんです」

「あー……」

「避難所には、パソコンの技術やノウハウを持っている人が必ずしもいるわけではないので」

「なるほど」

「既存のマッチングシステムは、僕らの活動以前にも、たくさんありました。では、なぜそれが肝心のおもな被災地で機能しないのかというと、今回の被災地は津波でライフラインが壊滅しましたし、そもそも、**パソコンを扱える人がほとんどいない地域**だったんです」

「そうか、そうだよなぁ」としきりに感心してくれる糸井さん。話し甲斐があるので、調子に乗って話を続ける。

「パソコンを使うことができるのは、大部分が若くて、内陸に住んでいる人です。壊滅した地域の人は、ほとんど使えなかったと思います」

「僕は、素人なもんですから、現地に『パソコンを使える若者』を送り込むのが正解かなと思っていたんだけど、そうじゃなくて……」

「『ふんばろう東日本』のメンバーたちが、被災者に直接電話して、いま必要な物資を聞きます。それをリスト化して、インターネットにアップするんです」

「……**胸のすくような答えだなぁ。**この仕組みは、当たり前に考えついたの？」と糸井さん。

「うちの父を見ていればなんとなくわかるんですよ。仮にインターネットがつながって、パソコンのやり方を教えても、できないと思うので」

「そうか、そうか」

「それに個人が運べる物資なんて、あまりにも限られています。僕が現地に入ったときはようやくガソリンも回り始めて、宅配便もかなり近くまで届くようになっていました。だったら、電話とネットを使って必要な物を整理して、あとは既存のインフラを使うことにしたほうが、絶対速くて、確実なわけですしね」

「それって、要するに『アイディア』じゃないですか」と糸井さん。

「まぁ、そうですね」と僕。

「西條さんは、そういう、アイディアをどんどん出せるような訓練をしてきた人なんですか？」

「いや、特にそういう訓練はしていません。どうすればいいのかなあと考えたことはもちろんなんですけど」

「動きながら、具体的に考えていた、と」

「そうですね。『どうすれば、物資を届けられるのか』、現地に入れば、具体的な状況もわかりますから。宅配便はここまで来ている、郵便局はこんな感じだ……とか」

「情報は、現地の人に聞くんですか？」

「そうですね。逆に言うと、そんな情報はどこも管理していませんから、現地の人に聞かないとわからないんです。道が通じているかどうかさえ、実際に行ってみて、初めてわかりましたから」

「つまり、現状の把握については、足で稼いでる、と」

「これだけの有事になると、ネット情報だけでは難しいです。役所も情報を把握できていませんし、そもそも拠点となる避難所に設置されていた唯一のパソコンの設定がされていなかったこともありました。現地に行かないとわからないことが、たくさん、あるんです」

「行って、人に話を聞く……のか」

「それも、役所の人ではなくて、その辺を歩いている人に聞く」と僕。

「なるほど、なるほど。で、そのようにやっていく中から、支援の『方法』を徐々につくりあげていったんですね」と糸井さん。

「はい。僕は、状況をトップダウンにコントロールしようとは思っていなかったので、『こういうやり方をすれば、こういうことができます』ということだけ示していたんです。

たとえば、小さな避難所や家族で寄り添っている個人避難宅などに対して、どうしたら支援できるか。その方法だけ提示したら、あとは動ける人にチームの組み方も教えて。できれば一人でも地元の人を入れたほうがうまくいく、とか……」

「あとは勝手に動いてください、と」

「はい」

「全体の状況を把握している人というのがいないままに、いろんなプロジェクトが動いてるわけだ」

「そういう組織じゃないと、これだけの有事に適切に対応するのは難しいですね。自律的に考えながら、まとまった動きができる組織じゃないと」と僕。

「うーん、なるほどなぁ……」と糸井さん。

「わからなくなったら、2つの問いに、立ち返るんです。**『現地の状況はどうなっているのか』『被災者支援のために、いま、どういう方法をつくればいいのか』**。『ふんばろう』では、そうした『自律的に動くための考え方』を共有するようにしています」

「ほう」

「現地の『状況把握』を間違ったら……、『方法』は、とたんに使い物にならなくなります」

糸井さんは、あごに手を当てて、首を少しだけかしげながら興味深げに何かを考えている。カメラマンも含めた他のスタッフからも、何かこれはすごいことを聞いているんじゃないか、という雰囲気が伝わってきた。

「今日、お話をしてみて、まず、興味を持ったことがあるんですけど……。プロジェクトを主宰する西條さんは、実際に会ったこともない人と組んだり、あるいは自分の目の届かない範囲の動き、つまり、**自分の管轄ではないところを『放っておける』**んですね」

「僕は直感タイプなんです」

「元々そういう人だったんだ。だから、あれだけ多くのプロジェクトを、どんどん進められるんですねえ」

科学プロジェクトとしての「ガイガーカウンタープロジェクト」

「いま、他に進めているプロジェクトは、どんなものですか?」と糸井さん。

「最近では『**ガイガーカウンタープロジェクト**』というのを、立ち上げました」

「放射線量を測る……?」

「はい、支援金で購入したガイガーカウンターを、無料で1週間ほど貸し出します。同時に正しい取扱方法や測定法の情報提供も行っています。福島第一原発の放射線の問題って、**『科学の問題』**として取り組まなければならないんですよね」

「まさしく、そうですね」

「まず、10人程度のグループをつくってもらって、そこに同じ機種のガイガーカウンターを渡して、使い方を覚えてもらう。同じ場所に集まれば、計測器の器差を確認する『校正』もしやすいですから」

「つまり『ある考え方』を補強するためじゃない、ガイガーカウンターの使用法」

「そうです、そうです。具体的に、子どもたちの安全を考えるなら、通学路を調べればいいと思うんです。で、放射線量の高いルートは通らないよう、安全なルートを見つけ出す。外と家の中はどのくらい違うのか、自分の家の中だと何割くらい減るのか、自分で計測して知ることができたら、**『正しく怖れる』**ことができます。実際、鉄筋コンクリートの建物の中は、どの機種で計っても10分の1くらいになるんですよ。そうしたことを実感を持って確かめられるようになる。福島の放射線の問題については、そういう生活者レベルで把握できないと、ボランティアも入れないし、支援物資も止まってしまいかねないんです。きめ細かい情報が得られないと、『イチかバチか』みたいな話にしかならない」

「話を具体的にしよう、と」

「そして、このプロジェクトは『原発賛成、反対』の話とは、切り離すんです」と僕。

「それは、すごく重要ですよね」

「その論争に巻き込まれちゃったら、データ自体、信じてもらえなくなりますから。あくまで科学的に、フラットにやる」

「それは、ほんとに大事なことだと思う。そうじゃないと『使うためのデータ』になっちゃいますから。安全な道を『知るためのデータ』じゃなく」と糸井さん。

「そう、そうなんです」と僕。我が意を得たり、ということを次々と言い当ててくれるので、うれしくなってくる。

「つまり『信念の話』に、ならないように」と糸井さん。

「はい、プロジェクトは政争の場ではないので、**個人の信念とは離して、純粋に科学の問題**とする。そういうルールを設定しています。乗ってくれる人だけ、協力してください、と。そういう形で、専門家の先生にも声をかけて一緒に進めています」と僕は言った。

誰に何を配ったかをデータ化して、どんどん配っちゃう仕組み

「いまは、新しいプロジェクトがどんどん立ち上がっているような状況ですね?」と糸井さん。

「5月からは、家電のプロジェクトも、始めました。家の中を見回すと、何かしら使ってない家電がありますよね。それらを全国から集めて、被災地に送るんです」

「おお、いいですねぇ」と糸井さんの目がさらに輝く。

「これも、考え方はシンプルなんですよ。たとえば自治体ベース、学校ベース、何でもいいんですけど、『ここに、こういう家電がこれぐらいの分量、集まりますよ』と知らせてくれれば、すでに運送業の青年組織の方々とネットワークができあがっているので、全国どこからでも、直接、被災地に運んでしまうんです」と僕。

「おおー……!」

「第一弾はニーズの高い冷蔵庫や掃除機、炊飯器といった家電を東京で集めて、石巻の半壊地区で配りました。準備期間が1週間しかなかったので大変でしたが、運送業界の佐久間さんや、仙台出身の中妻じょうた板橋区議会議員をはじめとするスタッフのおかげで、

短時間で大量の家電を届けることができたんです。被災者の方々は本当にみんなうれしそうで、やってよかったと思いましたね」

「そうですか」

「そのとき、家電を受け取るのに必要なのは、罹災証明書のコピーだけにする。で、そのデータを管理して、重複を防ぐ」と僕。

「つまり、**誰に何を配ったかだけをデータベース化して、『どんどん配っちゃう』**んですね」と糸井さん。

「はい、次は早稲田大学でも実施しますが、やる気にさえなれば、どこでもできます。たとえば、被災地のど真ん中にある倉庫や避難所に直接送ってもらって、被災者の方に取りにきてもらう。もっと言えば、僕らの仕組みを通さなくても、津波被災地に近い市町村なら、近所で家電を集めて、半壊地域の個人避難宅エリアなどに行って露天商みたいにどんどん配っちゃえばいいんです」

「紙芝居のオヤジみたいなもんだ……。このプロジェクトが始動したということは、被災地が、家電を配れるような状況になってきたとも、言えるわけですね」と糸井さん。

「ええ、電気が復旧し始めましたから。だけど、電気は通っても家電がない」

「そうか、そうか」

「僕ら、何百箇所と支援物資を配っていますけど、アマゾンの『ほしい物リスト』の『ご飯』の下に『テレビ』って書いてあると、被災地以外の人には、『ぜいたく』というふうに思われちゃうんです」

「絶対に必要な物なのにね」

「はい、テレビがなければ、情報を得ることができませんから。家が全壊して仮設住宅に入居する人は、テレビ、冷蔵庫などの『6点セット』をもらえるんですが、たとえば自宅の2階が無事でそこで暮らしてる人には、配られないんですよ」

「そうなんだ」

「もらうこともできるんですけど、そうすると、なけなしの義援金から天引きされちゃうんです。重要な家電がある『1階』部分は、津波で全滅しています。日本赤十字社は半壊した家にも、家電を配るべきだと思うんですよ」

「ほんとに、そうですよね」

「家と家電を失った人には、仮設住宅と家電を与える。ならば家電を失った人には、家電を与えなければ筋が通らないので、被災者も支援者ももっと声をあげたほうがいいと思いますね。とはいえ、巨大な組織が動くのを待っていても、被災地は待ったなしです。だから、みんなで家電を送ってあげないと」

「余ってるわけだからね、全国に」

「『ふんばろう』の全体の目的は、『物資を送ること』ではなくて、『**すべてを失った人たちが、もう一度、前を向いて生きていこうと思えるような条件を整えること**』なんです。そのためには、ただ『がんばれ』と言ったって、無理です。がんばる出発点として、家電などの生活必需品は絶対必要ですから。じゃないと服を手洗いするのも大変だし、食品の保存もできないし、ごはんも炊けない」と僕が言うと、

糸井さんは「そうですよね……」と静かにうなずいていた。

「その実名主義、痛快だなぁ！」

「でも家電の場合、どうやって『質』を担保するかが重要なんです」

「つまり、動くかどうかってこと？」と糸井さん。

「そうです。でも、いちいち通電チェックをしていたら、時間も人も、全然足りないので」

「……どうするんです？」と糸井さん。首を少しかしげながら、謎めいたものを見るように僕を見ている。

「家電を入れた箱に、送る側の『名前・住所・電話番号』を書いたものを貼って送ってもらうんです」と僕。

「そうか！　**送る側が『責任感を持つ**』んだ」と糸井さん。

「そうそう、そうなんですよ。これが僕らの基本的なやり方で、受け取る側も『ああ、どこどこの誰々さんが送ってくれたんだ』ってわかる。そうすると『お礼』が行くんです」

「やりとりが生まれるんですね」

「つまり、互いが『知人』になるんです。そうすれば、相手が何かに困ったときには、また送りますよ」

「つまり**『家電の養子縁組』**ですね」

「言ってみればそうですね。このプロジェクトを全国展開すれば、みんな、震災が『他人事じゃなくなる』はず。家電のプロジェクトは、その大きなきっかけになると思うんです」

糸井さんは、**「その実名主義、痛快だなぁ！」**と目を大きく見開いて言った。

「たぶん、支援物資を受け取るほうも『あ、こういう人たちが応援してくれているんだ』と思えたほうがうれしいでしょうし」と僕。

「それは絶対、そう思う」と糸井さん。

「支援するほうも、送ったテレビが誰に使われているのかわからない、どこかに山積みになっているのかも……なんて思ったら、次から送らなくなりますよね」

「西條さんたちのプロジェクトには、**常に『人の理解』が根っこにありますね**」

「はい。**『人間の心』に沿っていれば、自然とうまくいきます。**そうじゃないと、必ず無理が生じて続かないんです。僕らは**『人が人を支援する』**という考え方を基本にしているんです。人間は『忘れてしまう動物』ですけれど、人と人との間に縁が生まれれば、それが絆となって、絶対に『忘れる』ことには、ならない」と僕は言った。

――このあと、「家電プロジェクト」は、岩手県の山田町、釜石市、宮城県の気仙沼市、南三陸町、石巻市、東松島市、仙台市、福島県の南相馬市、会津若松市など被災地各地に家電受け入れ拠点をつくり、そこに直接家電を送ってもらう拠点ベース型の「家電プロジェクト」も開始することになった。そこでも、できるだけダイレクトに届けるために、必要としている人たちがたくさんいる**半壊地域のど真ん中に家電拠点**をつくった。そうすれば、そこに送られた家電を、近所の人が取りにくればいいので、中継地点を介さずにすむ。

ただし、その方法だと、その周辺地域にしか家電が配れないという短所もあった。

一つは広域に配布できる拠点があるほうがいい。業者を通せばかなり膨大な倉庫代と人件費がかかるため、仙台の実家の父に配送をお願いした。幸い家電を置くスペースだけはある。父は連日届く家電を、「ふんばろう」のサイトで必要としている避難所を探しては一軒一軒届けてくれた。こうして拠点ベースの「家電プロジェクト」は、被災各地に**１５００個以上の家電を配布**したのだった。

“市民意志機能体”としての「ふんばろう東日本」

「西條さんがやっているのは、内と外の境界線が明確な『団体』ではなく、何十万、何百万という人に支えられている『プロジェクト』なんですもんね」

「そう、そうなんです。中心となる『コア』みたいなものはありますが、境界線はないので、**誰もが参加**することができます」

「ある方法がダメだと、『無理だ』と言ってあきらめちゃう人も多いけど、西條さんは、どんどん考え出しますね」

「はい、なければつくればいいんです」

「常に『どうすればうまくいくか』を考えてる」と糸井さん。

「はい、最初に『このやり方じゃ無理だな』とか『ラチがあかないな』と直感したことはやりませんが、基本的な方向性として『いける』と確信したら、『できるかどうか』という問いは立てません。『無理だ』とか言ってあきらめることは、いつだってできます。だから、それは最後の最後でいいんです」と僕。

「うん、うん」

「ですから『被災者支援』だけを見つめて、『どうすれば、うまくそれを達成できるか』という問いだけを、考えています。ほとんどの場合は、うまくいくためのアイディアがないだけで、うまい方法や仕組みを編み出せば、実現できると思っているんです」

「西條さんのお話の何が面白いって、**ぜんぶ、実現できそうなアイディア**だってことなんですね。『あ、それはいい考えだけどね……』みたいな『**特別賞**』**じゃなくて、金賞、銀賞のアイディアが出てくるんです。そのリアリティに、感動しますね。**それだけうまく回るんだったら、たとえば『そういうことを考える会社です』みたいになってもおかしくはないと思うんですけど……」

「うーん、僕らのプロジェクトは団体ではないので。それぞれのプロジェクトが、ある程度軌道に乗ってきたら、国の基金を使って事業化して、被災地に渡す。そして地元の人たちの仕事にしてもらうのはいいかなと、思っています」

「……西條さんたちのプロジェクトは、ある種の芸術活動だと思えばいいのかな？」

「僕は『**市民意志機能**』と言ってます。市民の意志機能体なんです。つまり『機能しさえすればいい』んです。被災者支援、被災地の復興のために」

「パワー、つまり**権力を増やすことに頼らずに機能する**ところが、新しいですよね。つまり、まず県会議員になって……というような、古いやり方じゃない」と糸井さん。

「いままでのパワーで動いてるんです。僕なんか、ただの一教員にすぎないのに、これまでであれば国がやるような大規模なプロジェクトを動かすことになってます。それも、**一銭のお金も動いていないのに、みんなが、何とかしたいという気持ちで動いている**んです」と僕。

「その気持ちが、エネルギーですね」

「そもそも『エネルギー』とは、『原動力』のことですから、物である必要も、お金である必要も、実は、ないんですよね。被災地を何とかしたいという想いこそが、とても重要だと思います」

「その想いは、冷ましちゃいけないね」

「そうですね。どんどん実現できている確信もあるし」

「実現できていくと、どんどん、面白くなるでしょう」と糸井さん。

「はい。やっぱり『がんばり』だけでは、無理です。『これならいけるぞ』という勝算や希望がなければ……」と僕。

「成功すると、愉快になってくる。愉快性がないと、続きませんよね」

「つい先日、僕の師匠である生物学者の池田清彦先生も、同じことをおっしゃっていました。大変な日々の中でも『愉しみ』のようなものを見出すのが大事なことだよって」

「うん、うん。プロジェクトが最高にうまく回る状況とは、西條さんがいなくなったとき……かな？」

「プロジェクトのモチーフが最も体現されたと言えるのは、各プロジェクトを事業化して、仕事として地元に渡せたとき、かもしれません。その意味で『**いなくなる**』**のが目標**です」

「ああ……そうですか」

「やはり『被災者支援』が目的ですから。被災者が『生活者』に戻れるようにすることが、僕らの役割なのだと思います」

「同時に消えていくわけだ」

「はい。この先、『ふんばろう』のプロジェクトをもっと知ってもらうためにはメディアに出ていかなければならないけど、すべてを成し遂げてから静かにフェードアウトしていくのが、個人的には理想ですね。好きな本を書いて暮らすような、静かな生活に戻れたらいいなと。何しろ元々10時間は寝ないとダメな人間なので……」と僕が言うと、「あ、そうでしたか」と言って、糸井さんは微笑んだ。

「どんどん睡眠時間が削られていって、いまは生活が一変してしまいましたから」と僕。

「これまでの様々な運動というのは、どんどん組織が肥大していって……」と糸井さん。

「ええ。それを維持するために……」

「権力が生まれる。でも西條さんのプロジェクトなんて、本部さえないんだからね」

「これは、ただのプロジェクトですし、何のためのプロジェクトかも、明確です。目的を達成したら、自然と役割を終えるだけです」と僕。

こういうことを言う機会も初めてだった。

「5%理論」って何だ？

「今回の震災では『**人がいれば、大丈夫だ**』って思えたのが、僕は、すごく大きいと思うんです」と糸井さん。

「人がいれば……？」と僕。

糸井さんはときどき、ポンと思考が飛ぶ。類稀なる直感力が結論から思考を導き出すのだろう。

「たとえば、工場を壊されて、原料も流されて、お金もなくなった人が『俺たち、もう一回やれるぞ！』って言える理由は、『人がいた』ということだと思うんですよ。西條さんの話を聞いていると、**ぜんぶ、人と人とが組み合わさっている。**本部があったわけでもなければお金があったわけでもない」と糸井さん。

「本当に『人』が希望をつくるのかもしれません。いまは、あらゆる企業、あらゆる立場の人が、志だけで集まってきているので、ありえないつながり方をしています。どんな大企業だって、これほどの多分野にわたる人材を、これほどの短期間に揃えられないだろうってほどです。志が高くて、気持ちのいい人ばかりですしね」と僕。

「それでいて、**守るべき組織がない**というのがすごく新しいところだと思いますね」

「そうなんです。元々何もなかったのだし、税金も使っていなければ、給料ももらえないんですから、守るものなんて、ないんですね。被災者支援のためのプロジェクトなのに、ごく一部の批判を気にして、助けられるたくさんの人たちへの支援をやめてしまったら、某行政と同じになってしまいます」

「そうですよね」と糸井さん。

「ですから僕はいま、『5％は仕方ない』と決めてやっているんですね」と僕が言うと、糸井さんは、「5％……？」と言って、不思議そうな顔をした。

「どんなことをしていても批判する人はいますし、失敗する可能性もある。だから、常に完璧を目指すのではなく、『5％は大目に見よう』と」

「なるほど」

「これを、ゼロに近づけようとすると、リスク管理に膨大なエネルギーを割くことになって、とたんにパフォーマンスが下がるんですよ」と僕。

「へぇー……」

「だから、**最後の5％にはこだわらず、あまり厳密に考えすぎずに、95％のところで、どんどん迅速にやっていく**んです。何しろ、スピードが勝負ですから」

「その『5％』というのは、学問的な根拠があるんですか？」

「うーん、なんとなく、感覚ですね。『1割、失敗してもいい』というのはちょっと多いかなと。ただ、心理学の統計の枠組みでは『**5％水準**』といって、『5％以下の過誤』なら確率論的によしとしましょう、というような考え方が、あるんですけれど」と僕。

「ほー……。だから5％……なるほどね。それ、早速使います」と糸井さん。心の手帳にメモしてくれたようで、僕は少しうれしかった。

――人間は95人の人が賞賛してくれても、5人批判する人がいると、批判する人の意見にフォーカスし、20倍くらいの重みづけをしてしまう。そうすると、95＞5だったものが、95＜100（5×20）となってしまい、批判者の意見に引きずられて、たとえば批判が多いから、支援活動そのものをやめようといったように意思決定を誤ってしまうのだ。

こうして対談はどんどん盛り上がっていき、気がつくと1時間半だった予定が3時間を超す対談になっていた。

「いやぁ今日は、面白かった。ありがとうございました。また、お会いいたしましょう」と糸井さん。その顔には知的興奮を味わった人特有の満足感がにじみ出ている気がした。

「ええ、ぜひ」と僕は言った。

こうして、糸井さんとの対談は終わった。

「ふんばろう」の考え方も含めた全体像を話すことができ、それを面白がって聞いてもらえたのがうれしかった。

「ほぼ日」後日談

「また、お会いいたしましょう」との言葉どおり、糸井さんとはその後も定期的に会うことになった。

対談掲載後の7月には、雑誌『カーサ ブルータス』に糸井さんを中心とした記事を掲載したいということで、山田康人さんと一緒に「ほぼ日」で鼎談をすることになった。

「僕は『ほぼ日』の気仙沼支社を立ち上げることは決めたんだけど、事業内容を決めていないんだよね。何かいいアイディアないかな」と糸井さん。

「単なる事業の一つではなく、何か現地の人たちの事業を支えるような根本的なものがいいと思うんですよね。経営のコンサルティングとかどうでしょうかね」と僕。

「うーん……。根本的なものはいいと思うのだけど、コンサルは自分よりできる人はたくさんいると思うんだよな」

糸井さんは、最初の直感でいけるかいけないか結論にたどり着く直感の人だ。腑に落ちないものには決して乗ってこない。

しかし、その後間もなくして、糸井さんは「あ、デザインのコンサルがいいな！　看板から箱まであらゆるデザインに関わるコンサル。これならいまの僕のネットワークで日本の超一流のデザイナーを派遣できる。うん、これにしよう！」と言った。

街はすべてつくり直す必要があり、そのときに素敵なデザインにあふれた街になれば、観光客も増えるし、若い人も戻ってくる。これはまさに根本的なアイディアだった。自分もそれを生み出すきっかけになれたことがうれしかった。

その日の鼎談は、夜中の12時近くまで続き、それから飲みにいくことになった。

10人ほどの人が懇親会のテーブルを囲んで、話に花が咲く。

糸井さんの秘書の小池花恵さんが、「あの対談のあと、糸井が、なんで西條さんのような人が自分の社員じゃないんだろうと悔しがっていて、あんなに悔しがることはないというくらいで。あと、あの連載はアクセス数がすごくて、『ほぼ日』の社員もあの連載にすごい刺激を受けたんです」と言ってくれた。

いろいろ話しているうちに、夜中の１時を回った頃、突然、糸井さんが懇親会場に現れた。

「いやあ、刺激を受けたらいろいろ考えがあふれてきて、眠れなくなっちゃって。いままで、デザインってキャッチコピーとかの下位概念だったんだけど、**デザインのほうが上位概念**だって気がついたんだよね」と糸井さん。

なるほど、デザインが上位。確かにそうだ。社会構想もいわばソーシャルグランドデザインと言うことができる。これからの社会をデザインする**「ソーシャルデザイナー」**がこれから必要になるのだろう。

その夜は結局3時くらいまで飲み続け、すっかり帰る手段をなくした秘書の渡辺さんは、「ほぼ日」に泊めてもらったのだった。

第 6 章

多数のプロジェクトを
どのように
運営していったのか？

被災地の夏、6000家庭に扇風機を

気がつけば、季節はすっかり夏になっていた。

支援対象の避難所は7月中旬には1000か所を超えていき、この頃は、毎週のように被災地に入って活動した。

「巨大地震のあった年は蝉《せみ》が鳴かない」

これが本当かどうかわからないが、そう言われてみると、確かに例年より少ない気もした。震度4や5程度の余震は依然として起きていた。

瓦礫だらけだった街には、どんどん草が伸びてきた。

人間が手を入れなければ、自然は自然ゆえに自然に蘇るのだ。

一方で、瓦礫が片づき、雑草が生えることで、被災地は最初から平地か建設予定地だったかのように見えるようになっていった。片づくのはよいことなのだが、このまま忘れられていくようで、これでいいのだろうかと少し複雑な思いもした。

そして、津波にえぐられた地面を雑草がみるみる間に覆っていく姿を見ながら、自然を

マクロに見れば、ときどき地面が大きく揺れて、大きな波がやってきて陸を覆い、人間を含めて多くの動物たちが流され、またすぐに草が生えて、ということを繰り返してきたんだなあと思ったりもした（僕らにとってこの震災は、悲惨な出来事であることには変わりはないが）。

津波が栄養をもたらしたのだろうか。被災地では、どこもかしこもハエが大量に発生した。しかもハエは特大で僕らをうんざりさせた。

支援物資を配っていると、ある人が「いやあ、ひと晩車の窓をあけていたら、車内が何百匹ものハエで覆われて真っ黒になっていて、まいったなや」と言った。あるお母さんは「赤ちゃんにハエがたからないようにするのが大変で」と言っていた。１０００を超える避難所から、殺虫剤やハエ取り紙などの支援要請が殺到した。

夏休みを前後して、多くの避難所が解散し、支援の舞台は仮設住宅に移り始めていた。避難所を中心に現地活動を行っていたボランティアは、支援の行き場をなくして戸惑うところも少なくなかったようだった。

また、被災地では扇風機を買おうとしても軒並み売り切れており、熱のこもる避難所の体育館や仮設住宅からは暑くて眠れないという悲鳴が聞こえてきていた。

そこで**「1000家庭に涼風を送ろう」という緊急プロジェクト**を実施した。

ところが、中古家電を集めて被災地に送るプロジェクトは、多種多様な家電を集めることには向いているのだが、扇風機といった特定の家電を大量に集めることはできない。

そこで、専用のECサイトを立ち上げ、支援者に購入してもらった家電を必要としている被災者に届けるという新たな方法を開発した。その際、できるだけ地元から家電を購入することで地元にお金が落ちるようにしつつ、かつ「PayPal」のカード決済を行うことで、ネットショッピングで注文をするように遠方からでも誰でも参加できるようにした。その結果、**6000家庭に扇風機**を届けることができた。

また、石巻市などの被災自治体の小中学校では——信じがたいことだが——夏になっても魚がのっているご飯と牛乳パックといった簡易給食が続いていた。

育ち盛りの子どもたちがあまりにかわいそうだということで、給食のおかずなどを支援する**「給食支援プロジェクト」**を始動させた。——これは、要請があった小中学校で2011年11月中旬まで続けられた。

岩手、宮城、福島の前線支部は本部の後方支援と効果的に連携し、さらにそれぞれが地元のニーズに合った独自の活動を行っていった、また、名古屋、大阪、京都、神戸、岡山、山口などの後方支援支部も立ち上がり、全国的な支援体制ができつつあった。

心の支援につながる新プロジェクト——支援から〝始縁〟へ

その頃、時間の経過とともに、被災地には、少しずつ、生活必需品以外の心を豊かにする支援を受け入れるような余裕が生まれつつあった。人々は、哀しみを抱えながらも、衝撃期を乗り越えて、次第に落ち着きを取り戻してきたように感じた。

そうした状況を反映するように、歌や演奏、人形劇など、様々なパフォーマーたちが喜びを提供する**「エンターテイメントプロジェクト」**が本格的に始動した。被災地の子どもたちに楽器を届ける楽器支援なども積極的に行い、避難所や仮設住宅で演奏して回るミュージックキャラバンなどを定期的に行っていった。

また、女性スタッフを中心として、「生活必需品」だけでなく、気持ちに潤いを持っていただきたいという想いから、手づくりのきれいな物やかわいい小物を送る**「ハンドメイドプロジェクト」**が本格始動し、洗剤を使わずに食器等の汚れを落とせるアクリルたわし、暖簾、ニット用品、小物といった手づくりの品を６０００個以上届けた。

夏には、東松島の夏祭りなどのお祭りの支援を行い、冬には１００本のクリスマスツリーとともに手づくりの１万個以上のクリスマスオーナメントを被災地の仮設住宅や保育園に送るなど、季節に合わせた活動を行った。

また、心のこもったお手紙を全国から集めて被災地に直接届ける**「おたよりプロジェクト」**も立ち上がった。そこでは現地に行き、家電等の物資と一緒に、520通の手紙を一人ひとりに届けていった。その際、現地の人の話を聴くことで、自然と心の支援にもつながっていく様子が見受けられた。また、「被災地は郵便局もなく、ハガキや切手を手に入れにくい」という声がたくさんあったことから、支援者へのお礼用に使ってもらえるよう全国の支援者から集めた切手約1万9500枚、ハガキ約9700枚、レターセット約7300セットを送り、**支援から〝始縁〟へ**を積極的に実現するための一翼を担った。

また、現地にボランティアに行く際に、被災された方々とどのように接していいかわからないという人や、被災地のひどすぎる惨状ゆえに支援者が直接心のケアをするのが難しいという声もかなり聞かれたことから、そうした人に役立つ知見をまとめた**「いのちの健康プロジェクト」**も始動した。

さらに、メンタルケアの一環として、僕がいままで出会った中でも圧倒的な臨床能力を持つMさんに被災地にボランティアで入ってもらったところ、口コミでそのすごさが伝わり、申込みが殺到するようになった。そのすごさを目の当たりにした南三陸町のともちゃんは、「西條さんがしてくれた支援で一番よかった」と言った。

夏以降、次々と自立支援プロジェクトが立ち上がる

震災から半年がすぎると、支援を取り巻く〝空気〟は変わった。

被災地のテレビ局を除けば、震災の報道も減り続けた。そのことは、このまま忘れられるのでは、と多くの被災者を不安にさせた。多くのボランティア団体が、支援金を集めにくくなったと言っており、また資金不足もあるのだろう。いくつものボランティア団体やＮＰＯが撤退し始めた。

そのことに危機感を覚え、宮城県亘理町《わたりちょう》の仮設住宅に入っているＮＰＯの冨澤伊勢雄さんのように、すぐに現地の学生を集めて新たな体制づくりを始めたところもあった。

しかし、あとからはっきりわかったのだが、被災地外では、忘れようとしていたわけではなかった。ひと言で言えば、日常に戻りたかったのだと思う。それは被災地がそうだったように、被災地以外の個人も企業もボランティアも同じだったのだろう。個人も企業も団体も、緊急時の体制から、一度日常に戻り、ギアを長期戦モードに切り替えたのである。

その証拠に、というわけではないが、夏以降、自立支援を中心としたプロジェクトを始動させると、様々な企業が、それぞれが持っているリソースと強みを活かした協力を申し

出てくれた。

２０１１年７月に立ち上げた**「漁業支援プロジェクト」**は、嶋津祐司さんを中心として**「南三陸町漁業再生支援協会」**へと発展し、漁船11隻の他、現地のニーズに合わせて、わかめの養殖の重しに使うサンドバッグ２０００個、わかめの収穫の際に使用する万丈籠７００個、わかめ用の鎌《かま》４００本、２００ｍ巻ロープ20本をはじめとした効果的な支援を行い、現地の漁師さんたちに大変喜ばれた。

その後、福島県内で**「ガイガーカウンタープロジェクト」**が本格始動した。測定の専門家をリーダーとして講習と実習を重ね、まずスタッフが正しい放射線測定法を習得するとともに、貸出システムを整備する等着々と体制を整え、２０１１年８月にガイガーカウンター（放射線量計）の貸出活動を開始した。利用者と同じ地域に住む貸出スタッフの丁寧なフォローもあり、利用者からは「線量の高い場所がわかって対策に活かせた」といった感想も寄せられた。その後、要望に答える形で貸出対象エリアを、茨城県、群馬県、宮城県へと拡大していった。さらに利用者や一般の方を対象としたガイガーカウンターの使用法の講習会を開催し、これも好評を博した。

被災地では、当初からパソコンのニーズは多かったものの、高額であることに加え、プリンターやソフトウェア、ウイルスセキュリティソフトなどをひととおり揃える必要があること、また中古パソコンを送ろうにも、一度中身を完全に消去する必要があるといった多くの壁があった。そんな中、ヤフー、富士通、ＮＴＴデータ、マイクロソフト、トレンドマイクロ、アイ・ディ・ケイ、ボストン・サイエンティフィックジャパンなどの協力によって、そうした条件をすべてクリアしたうえで、１０００台規模の支援が可能になり、**「ＰＣ設置でつながるプロジェクト」**が始動したのである。要望のあった仮設住宅の集会所などの公共スペースに次々と設置していき、必要に応じてパソコン教室なども開いた。福岡大学の長江信和准教授（僕の大学院の先輩でもある）の**「ユビキタス・カウンセリング」**と連携する際のインフラとしても重要な役割を果たした。

また、塾などの学習の場がない地域で、仮設の集会所などで子どもたちに寄り添い、個人指導を行う**「学習支援プロジェクト」**を立ち上げた。そこでは、牡鹿半島にある牡鹿中学校での毎週の個別指導をはじめとして、気仙沼市や大槌町の仮設住宅でも支援を行った。また「ＰＣ設置でつながるプロジェクト」と連動させることにより、スカイプやウェブカメラを用いた遠隔地からのサポートも可能とし、ニッケンアカデミーによる映像教材の支援も受けることができたため、被災地で放課後学校を運営するＮＰＯカタリバなど、次第に他の団体等へのこうした教育リソースの提供も可能となった。

他方で、街がなくなってしまった被災地では、女性が在宅でできる仕事が求められていた。そこで、新たにエコバッグやティッシュケース、マフラーといった商品を作成する講習会を行い、ミシンと裁縫道具セット（計2万円）をお渡しして、納入してもらった商品を「ふんばろう」で販売して、その代金はそのまま作成者にお渡しするという**「ミシンでお仕事プロジェクト」**を立ち上げた。

2万円の生活費はすぐになくなるが、小さな子どもを持つお母さんが在宅で仕事にできれば、自ら生活費を稼ぐことも可能になる。また、その仕事自体が高齢の方にとっての生き甲斐にもつながるというものであった。これは大きな反響を呼び、カタログ通販会社、アパレル小売り、カーテン業界からも材料提供、商品受注、販路確保といった様々な提案をいただき、3か月ほどで400人以上に仕事をつくる契機となった。

その後、そうした雇用創出の一つとして**「手に職・布ぞうりプロジェクト」**も始動し、また**「重機免許取得プロジェクト」**の第二弾として、宮城県岩沼市のキャタピラー東北（株）宮城教習センターで92名の重機免許取得の受講料を支援した（第一弾と合わせて免許取得者は、200名以上となった）。

また、被災自治体に配分されている国の予算を自立支援に活用するため、雇用・人材支援のノウハウを持つパソナや、資格取得のスキームを持つ日建学院と連携することで、**「就労支援プロジェクト」**を立ち上げた。これは、今後被災地で需要が高まる建設業をはじめとして、雇用に直結する資格（建設の場合、宅地建物取引主任者やＣＡＤ資格）を取得したうえで、地元企業でのＯＪＴとして就業の場を用意し、その研修費用や給料も予算を充当することで、雇用創出と地元企業支援の二重支援につなげるというものである。

そうした中、演出家である宮本亜門さんから「ふんばろう」の活動を全面的にバックアップしたいと直接連絡が来た。そして宮本さんをリーダーとして、「ふんばろう」の自立支援に寄付されるチャリティオークションを中心とした**「うれしいプロジェクト」**が立ち上がり、事務所の壁を越えて、彩吹真央、石丸幹二、市村正親、井上芳雄、浦井健治、大竹しのぶ、木村佳乃、佐藤隆太、城田優、ソニン、高嶋政宏、成宮寛貴、藤原紀香、別所哲也、松田美由紀、南果歩、森公美子、森山未來といった著名人が出品協力してくれた。

そして２０１２年１月の宮本亜門作・演出『アイ・ガット・マーマン』公演では、出品会場ともなった東宝の全面協力によって、「ミシンでお仕事プロジェクト」や「手に職・布ぞうりプロジェクト」の物販が行われ、ほとんどの商品が完売となり、仮設住宅や避難宅で一生懸命つくったお母さんたちに大変喜ばれた。

さらに、手間をかけずに無理なく支援を続けていきたいという支援者の声に応えるべく、毎月1000円から定額寄付できる**「ふんばろうサポータークラブ」**も発足した。

また**「物資支援プロジェクト」**では、累計3000か所以上の避難所・仮設住宅等に、3万5000回以上、15万5000品目に及ぶ物資を支援した。またアマゾンの「ほしい物リスト」を援用するシステムによって2万4000個以上の支援を成立させた。そして、岐阜県、愛知県、宮城県、福島県、大分県、大阪市、仙台市、横浜市で行き場をなくした支援物資をマッチングして10tトラック40台分以上の支援を実現した。さらに、ニトリホールディングスから布団セットを4534個、ライオンから生活用品セット2万1500セット、人道支援団体であるシンガポールのマーシー・リリーフから毛布5000枚といった大量物資を提供いただき、必要としている被災者のもとに届けた。

そして、「ふんばろう」が総力戦で臨んだ**「冬物家電プロジェクト」**では、行政や日本赤十字社の支援を受けられない自宅避難宅を中心として、**1万3000世帯以上に冬物家電**を届けることができたのである。これによって「家電プロジェクト」として**総計2万5000世帯以上への家電支援**を行うことができた。

2011年4月に、たった2人で立ち上げたプロジェクトが、8か月後、国や日本赤十字社もできない支援を成し遂げたのだ。

プロジェクトを成し遂げる「核」は何か

僕はこれまでボランティアをやったこともなければ、プロジェクトをつくったこともなく、事業を起こしたこともない。

そんな僕がなぜこのような大規模プロジェクトを運営していけるのか？

それはいくつかの要因があると思うが、構造構成主義という普遍的な原理を身につけていたから、というのは大きい。原理はいかなる状況でも適用可能であり、未経験の現場においても、その都度最適解を導き出していくことができるためである。

では、プロジェクトはどのような考え方に基づいてつくっているのかと言えば、それは「方法の原理」ということになる。

これはこれまでも述べたことだが、再度確認しておこう。

「方法の原理」に照らせば、プロジェクトの有効性は、**（1）状況**と**（2）目的**から規定される、ということになる。支援活動に関するプロジェクトならば、その目的は「被災者支援」といったものになるはずだ。

そして現地の「状況」を踏まえなければ、プロジェクトは有効なものになりえない。

たとえば、某大企業は2011年4月時点で「新たな支援システムを構築しました！」と声高に宣言したが、それは結局何の役にも立たなかった。なぜなら iPhone にソフトをダウンロードする必要があったのだが、被災者の中でそういうことをする人はほとんどいなかったからである。

原理というのは、それに沿ったから必ずうまくいくというものではないが、それから外れると必ず失敗するものなのである。そのため「状況」を捉え損ねると、必ず失敗してしまうのである。

だからこそ、**「現場」に行き、その状況を肌で感じてくる必要がある**のだ。

また、**「目的」を共有**することは、活動が目的からブレないためにも重要になる。これは当たり前のことだが、実際にそれを徹底できることは稀と言っていい。

実際、最初に「家電プロジェクト」を実施しようとしたとき、「ふんばろう」の現地スタッフからも、「公平に家電を渡せなければ、問題が起こる可能性があるからやめてほしい」と強く言われたことがある。

僕は「僕らの目的は被災者支援です。問題を起こさないことが目的ではありません。被災者支援が目的である限り、やめるという選択肢はないです」と説得することでわかってもらうことができたのだが、このように、「被災者支援」が目的なはずなのに、いつのまにかそうではないことに「関心」がすり替わってしまうことはめずらしくないのである。「物資支援プロジェクト」「重機免許取得プロジェクト」「家電プロジェクト」といった多種多様なプロジェクトは、**被災地の「現状」を踏まえ、被災者支援という「目的」を見定めて構築**していったのである。

「価値とは何か？」から考える

しかしプロジェクトだけつくっても、これには価値があると支援者に思ってもらい、支援金を振り込んでもらえなければ、プロジェクトを実効性のある形で回していくことはできない。

たとえば、支援者に家電を買ってもらい、それを被災者に届けるという方式の「家電プロジェクト」は、事業を成功させることと同じことをしなければならない。

しかし、僕は自分で何らかの事業を立ち上げたことはない。

では、なぜうまく回せたかと言えば、やはりいくつかの原理を知っていたために、その原則に外れないように物事を進めていったからなのである。

では、まずいったい人間は、何をもって「価値がある」とか「価値がない」といったように判断しているのだろうか？

実は、これを哲学的に煎じ詰めると、**「価値とは何か？」**という問いにたどり着く。

したがって、ここでは震災前に公刊された論文を踏まえながら、この問いから考えていくこととする。興味のない人は飛ばしてもらってかまわない。ただ、この原理（答え）を知っていると、あらゆる価値判断、価値創出に応用できるから、とても便利ですよ、とだけは言っておこう。

「価値とは何か」

このシンプルな問いは実はかなりの難問である。

しかし、P・F・ドラッカーは、この問いを考えるうえで有用な示唆を残している。

企業が自ら生み出していると考えるものが重要なのではない。とくに、企業の将来や成功にとって、それらのものは重要ではない。

顧客が買っていると考えるもの、価値と考えるものが、決定的に重要である。それらのものこそ、事業が何であり、何を生み出すかを規定し、事業が成功するか否かを

決定する（P・F・ドラッカー著、上田惇生訳『〈新訳〉現代の経営（上）』〈ダイヤモンド社〉）。

このように、ドラッカーは、**価値とはどこかに転がっている〝モノ〟ではなく、相手（顧客、ユーザー）が見出す〝コト〟である、**ということを的確に言い当てている。

たとえば、現在「価値創造」が大事だと言われるが、価値とは顧客が見出す〝コト〟であり、僕らは価値そのものを創造することはできない。

したがって、価値創造とは、相手（顧客）に価値を見出してもらえる可能性が高いと考えられるモノやサービスを創造すること、ということになる。

だからこそドラッカーは、「事業の目的として有効な定義はただ一つである。それは、顧客を創造することである」（P・F・ドラッカー著、上田惇生訳『〈新訳〉現代の経営（上）』〈ダイヤモンド社〉）と明言した。

――では、価値とは顧客の何に照らして見出されるのだろうか？

これについてもドラッカーは示唆に富む言及を残している。

真のマーケティングは顧客からスタートする。すなわち現実、欲求、価値からスタートする。「われわれは何を売りたいか」ではなく、「顧客は何を買いたいか」を問う。「われわれの製品やサービスにできることはこれである」ではなく、「顧客が価値ありとし、必要とし、求めている満足がこれである」と言う（P・F・ドラッカー著、上田惇生訳『マネジメント【エッセンシャル版】』〈ダイヤモンド社〉）。

ドラッカーは天性の直観力によって、マネジメントに関する本質的な洞察を残しており、その普遍性ゆえにいまでもなお広く読まれ続けている。しかしながら、彼は「方法とは何か」「価値とは何か」といったより原理的な問いに対する回答を明示的な形で示してはいない。

したがって、ここでは、ドラッカーの洞察をさらなる深度から基礎づける意味もこめて、「価値とは何か」という問いに答えるために、構造構成主義の中核原理である**「関心相関性」**を踏まえて「価値の原理」を定式化していこう。

関心相関的観点から言えば、**「すべての価値は、欲望や関心、目的といったことと相関的に（応じて）立ち現れる」**ということになる。

たとえば、普段は何の価値もなく邪魔なだけの水たまりも、広大な砂漠で死にそうなほど喉が渇いていたならば、代えがたいほど高い価値を帯びることになる。

この観点から見れば、「価値がある・ない」といった判断をする際に、その価値評価は、見出す当人の欲望や関心のあり方に応じて立ち現れる、ということを自覚的に認識できるようになるのである。

――それでは、支援者は何に関心があるのだろうか？

僕は、支援者の関心の基本構造は以下のようなものと考えた。

金銭的な支援をしてくれる人の関心は、**（1）被災者のために、（2）すぐに、（3）効果的に**使ってくれることにある、と言えよう。さらに言えば、**（4）できれば簡単に**支援したい、ということにも関心があると言っていい（面倒くさい手続きはしたくない）。

したがって、夏の「扇風機プロジェクト」をはじめとする「家電プロジェクト」は、常にこれらを意識しながら進めた。「PayPal」を使ったカード決済可のマッチングサイトを構築したのは、**（4）の「簡単に」**という関心に応えるためである。

しかも配布活動と同期させることで、**（1）「被災者のために」**と**（2）「すぐに」**という関心に応え、さらにできる限り安く購入し（扇風機は一口3000円で2台送れるようにした）、支援金を一切人件費に使わないことによって、**（3）「効果的に」**という関心にも応えられるようにした。

また、野村総合研究所の仕組みを援用した「絆ハガキ」を返信用ハガキとして添付して送ることによって、送られてきたお礼をホームページやツイッターなどで公開し、**支援者にフィードバックする仕組み**をつくった。

この「絆ハガキ」は、**支援した実感**が得られるため、気持ちだけで動いている「ふんばろう」のボランティアスタッフにとっても、大きなエネルギー源になっていたように思う。

さらに、地元企業の支援に関心がある人も少なくないので、できるだけ地元企業から購入するようにすることで、そうした関心にも応えられるようにしたのである。

そしてさらに俯瞰した視点から言えば、「被災者のために」と言っても、モノからココロまで様々な関心に基づく内容がありうる。だから、様々な関心を持つ人たちが、それぞれ価値を見出せる総合支援の仕組みとして構築していったのである。

「関心」と「きっかけ」をいかにつくるか

それでは、関心そのものは何によって決まるのだろうか？

また、関心が変わるときの原理とは何だろうか？

それを言い当てた原理が、構造構成主義の発展に大きく貢献した新進気鋭の研究者の一人である桐田敬介氏（上智大学大学院）が定式化した「契機相関性」である。

これは、要するに**「きっかけ」（契機）に応じて（相関的に）関心のあり方も強度も変わる**、ということである。

これらをまとめれば、プロジェクトに「価値」を見出してもらうには、それに**「関心」を持ってもらう**必要があり、そのための**「きっかけ」を与える**必要がある、ということになる。

たとえば、夏の「扇風機プロジェクト」は突然立ち上がったにもかかわらず、6000世帯もの家庭に届けることができたのは（＝支援者に価値を見出してもらえたのは）、先に挙げた4つの基本的な関心を満たしていたことに加え、支援者が扇風機に関心を持っていたため、ということができる。

――では、なぜ関心を持っていたのか？　すなわち、その契機は何か？

それは「暑かったから」にほかならない。

逆に、南三陸町など被災地では、9月には急激に気温が下がるため、早くから暖房器具の支援要請はあったのだが、「冬物家電プロジェクト」のキャンペーンを11月までやらなかったのは、東京など支援者が多い地域が「寒くなかったから」である。むしろ9月でも暑いくらいだったので、これではとても冬物家電に関心を持ってもらえなかった（関心を引き出す契機がなかった）。

そのため、ここでキャンペーンを展開してもプロジェクトに価値は見出してもらえないと判断して、9月にはアイロンのキャンペーンを行い、1500家庭に届けた。

10月からは「雇用創出」に関心のある人に向けた「ミシンでお仕事プロジェクト」のキャンペーンを行い、400名以上にミシンをお渡しすることができた。

しかしその一方で、寒くなるにつれて被災地からの冬物家電の要望は日に日に高まっていったため、先行して冬物家電を購入して、11月から配布活動を開始した。当然ながら一時大赤字になった（それは一時的な「戦略的赤字」にすぎなかったが、会計をはじめとする財務管理のスタッフを不安にさせた）。

そしてそれを追う形で、キャンペーンを展開する。世間の関心は下火になっていく一方だったため、当初、現実的には３０００世帯がせいぜいかなと考えていたが、ボールを投げるときは、目標が遠くなるほど、少し高めに投げなければ目標に到達することはない。そこで、できるだけ広いエリアに届けるためにも目標は５０００にしようと思い、**「僕らの手で5000家庭に届けよう！」をスローガン**とした。

その際、現地の写真や動画などを撮ってもらい、支援者の関心を引き出しながら大規模キャンペーンも開始することで、５０００世帯分の冬物家電代を集めることができたのである。

2011年最後の総力戦「冬物家電プロジェクト」

冬物家電はすでに南三陸町で１５００世帯に先行配布していたが、次に、それ以外にどうやって配布するかという議論になった。普通に考えれば、「ふんばろう」のいままでのネットワークを使ってこれまでどおり配るのが無難である。

しかし、僕は自ら支援をお願いし、支援してくださった一人ひとりの〝想い〟を聞いていたため、より効果的に配布する方法を採りたいと考えていた。11月をすぎてから、府中支部長の大間努さんらが、気仙沼でまったく支援が受けられない自宅避難の「支援空白地帯」を発見した。僕も冬物家電を配って歩いたところ、ある老夫婦は「こういうのもらえるの初めてです」と涙ぐみながら全国の支援してくださった方に感謝の言葉を述べていた。

こうした経験から、まだまだ行政や日本赤十字社の支援を受けられない自宅避難者やアパートの借り上げ住宅など「みなし仮設」はたくさんあると思っていた。しかし、そうした人たちがどこにいるのかわからない。行政は個人情報保護の壁のもとで、ボランティアにも情報を出すことができないのだ。

そこで、以前から自分が日本赤十字社だったらこういう方法を採るのに、と考えていた方法を実行することにした。それが**「新・冬物家電配布作戦」**と名づけた構想だった。

それは、地元メディアに大々的に告知を載せて、それを見た被災者に罹災証明書のコピーと希望の家電を書いて送ってもらい、支援が必要と判断された家に直接希望家電を送る、というシンプルな方法だ。そうすれば、支援が必要な人がどこに住んでいても、直接届けることができる。

しかし、それは**誰もがやったことのない方法**だった。申込みが殺到したらどうしよう、あるいは申込みが来なかったら、という先が読めないリスクや不安がある。「ふんばろう」内部でも、なぜあえてそうした方法を採るのか、という意見もあった。

それでも、決行することにした。「ふんばろう」は、元々2011年4月1日に南三陸町に行ったことをきっかけに、行政などの支援が行き渡っていない〝支援格差〟を埋めたいという想いから始まった。自宅避難宅や「みなし仮設」に支援が行っていない、という状況を踏まえると、そうした方々に届けられる方法のほうがいいに決まっている。僕らの目的は失敗しないことではなく、効果的な支援を行うことにある。

リスクは、それが生じても飲み込む覚悟さえ決めればなんとでもなる。

全スタッフが登録されているフェイスブックの「Fumbaro_all」で、「ふんばろう」全チーム挙げての総力戦になることを伝え、みんなに協力を求めた。

まず、5000世帯以上になったら毛布を配ることで、完全な「ハズレ」はなしにすることを決めた。そして、最も避けなければならないことは、申込みが来ないで物が余ることである、ということを確認した。支援者の善意を無駄にしないためにも、これだけは避けなければならない。

そして、「ふんばろう」のスタッフのあらゆるコネクションを使い、僕が把握しているだけで10以上の新聞をはじめとして、ラジオ等々、あらゆるメディアに情報を流した。申込期間も土日を挟んで10日間取った。十分ではないが、これ以上になると年内に届けることができなくなる。

できるだけ多くの人の目に留まるようにすること。これが僕らの観点からの「機会の公平性」と考えたのである。

さらに、本当に困っている人に届けるため、他の団体から受けた冬物家電の種類を明記してもらい、転売目的や虚偽の申請をした方は法的措置に訴える旨も明記した。また、地元小売店の支援と両立させるため、山崎さんの「復興市場」やヤフーの「復興デパートメント」を応援するキャンペーンも同時に展開した。

最初、申込みはわずかだった。しかし、申込みは前日の何倍にもなっていき、すぐに1日1000通を超えるようになっていった。そして、最終日には一日の申込みは3000件にも達したのである。

1件あたり入力時間は6分かかった。50件で5時間。1万件で1000時間。このままでは年内に届けるために仕分けと入力が間に合わない。

そこで急遽、外部からボランティアスタッフを募集することにした。希望者は僕のツイッターにメンションしてもらい（@saijotakeo）、ダイレクトメッセージで情報を伝えて、フェイスブックに入ってもらい、早稲田大学に来てもらう、という流れだ。しかし、僕のツイッターのフォロワーは2万人にすぎない。パソコンを持参できて、早稲田大学まで来れる人となると、相当条件が限られる。これでは数人集めるのがせいぜいのように思えた。

ここで糸井重里さん（@itoi_shigesato）の力をお借りしようと考えた。糸井さんに「リツイートをお願いします」と書くと、必ずすぐにリツイートしてくれた。この〝**必ずすぐに**〟という点が重要だった。糸井さんは「ふんばろう」に入っていたわけではないが、〝必ずすぐに頼んだことをやってくれる〟ということは、（僭越ながら）実質的に〝戦力〟と考えていいということを意味していた（戦力の条件を満たしていたのである）。逆に言えば、「ふんばろう」内外を問わず、〝いつかするかもしれないし、しないかもしれない〟というスタンスでは、必勝が求められる局面における主要戦力として計算に入れることはできない。

そこで糸井さんにリツイートをお願いしたところ、なんと２日間で、１５０人ものボランティアの方々に登録していただくことができたのである。これは糸井さんのフォロワーが40万人いるという量だけではなく、糸井さんのお人柄や考え方、そして「ほぼ日」に対する信頼が前提としてあり、その糸井さんがリツイートしたのだから、という信頼という意味での〝質〟が担保されていたことが大きいと考えている。また、「ほぼ日」に「西條剛央さんの、すんごいアイディア。」が掲載されていたことで、「ふんばろう」の考え方を理解していた方が多かったことも影響したと思われる。

これによって、師走の多忙な時期に、連日数十人のボランティアが仕分けと入力にかけつけてくれたのである。しかも、エクセルが使えることを条件にしていたことから、事務能力に長けた入力スピードが超速の人材揃いであった。

それによって、1万件もの仕分けと入力作業を申込み終了から数日以内で終えることができたのである。絶体絶命のピンチに精鋭の援軍がかけつけ、前線でふんばり続けていたスタッフと協働することで、難敵を一掃したのである。

しかし——そこにはさらなる難敵が待ちかまえていた。

予算である。

行政や日本赤十字社の支援を受けられない被災者は、僕らの支援条件に該当する世帯だけで、1万をゆうに超えていたのである。そして、そこには、支援を受けられない方々の「同じように家を流され、寒さも同じなのになぜ」といった悲痛な叫びのような手紙が綴られていたのである。

「仮設住宅もなかなかあたらず、ようやく唯一のアパートを見つけましたが、仮設扱いにならないため、家電も暖房器具も支給対象にならず、支出ばかりが増えました。

仮設住宅の人と同じ立場なのに、待遇の大きな差にがっかりしていました。」

「私は去年12月に産まれた長男（2か月でした）と夫の母を津波で亡くしました。ちょうど里帰りをしていて私が買い物に出た後でした。長男は今もまだ見つかっておりません。私の実家だけは幸い、修理して今現在住んでいます。……このようなご支援のお知らせを本当に感謝しております。」

「津波で1Fは全て浸水し、大規模半壊の判定でした。私の市では仮設住宅のみ様々な支援がありますが、民間借上げ住宅には何の行政の支援もありません。」

こうした手紙は、新戦力を含めて「冬物家電プロジェクト」のスタッフを奮い立たせるには十分だった。その結果、短期間での入力を終えることができたのだが、こうした被災者の方々にとても「今回は選外になりました」とは言えないと、おそらく全スタッフがそう感じたのである。

となれば、予算は5000世帯分しかないが、累計1万3000世帯に配らなければならない。「冬物家電プロジェクト」はすでに大幅に赤字の状態だった。どうやりくりしても予算が足りない。

そうした話を早稲田大学大学院のＭＢＡの授業でしたところ、終了後に学生の一人の新井将能さんが「１０００万円寄付させていただきたいのですが」と声をかけてくれた。

僕もそのとき初めて知ったのだが、新井さんはトヨタレンタリース栃木の社長さんで、ちょうど寄付の相談をしようと考えていたとのことだった。ありがたいことに、早速翌日の午前中に振り込んでくれたおかげで、一気に２５００世帯に配布可能となった。

しかしそれでも、罹災証明書などから支援が必要と判断された１万世帯に送るには、１０００万円以上（赤字分を入れれば３０００万円弱）足りなかったのである。

大口の支援を待っていては年内に届けることができなくなる。これまでの経験上、被災者の方は一度申し込むと、買わずに待ってしまうということはわかっていた。いま被災地は氷点下になり、相当厳しい寒さになっている。年内には全宅にお送りして、お正月くらいは暖かくすごしていただきたい、と思わずにはいられなかった。

いまはスピードが何より優先される。となると、やはり、「ふんばろう」の伝家の宝刀である、マッチングサイト＆ツイッター拡散作戦でいくしかない、と決断した。

ＥＣチームのリーダーであり、同じ仙台二高出身の阿部正人さんに電話して想いを語ると、ただひと言、「じゃあやりますか！」と賛同してくれた。会計チームからも「一度会計を締めていたため、会計的に整理がついていたのが幸いした」とGOサインが出た。

そうして、本年最後の総力戦として、クリスマスを前後して2度目の「冬物家電キャンペーン」を展開することになったのである。

——そして見事その目的は達成された。

その後の配布チームの連日の尽力により、**1万3000世帯の避難宅に冬物家電を届けることができた**のである。

それを達成できたときの〝感じ〟を伝えるために、2011年12月31日23時59分にフェイスブック（Fumbaro_all）に僕が掲載した文章の一部を以下に掲載しておきたい。

冬物家電、1万3000世帯への配布達成！

ふんばろう東日本のトップバナーの標語は「小さな力を集めて大きな力に！」「誰でもできる復興支援がここにある」ですが、まさに一人ひとりの力を集めることで、行政や日本赤十字社では行き届かなかった支援を実現し、支援格差を埋めるべく相補完的な役割を果たすことができました。

「冬物家電プロジェクト」の家電の手配から入力、発送までトータルでマネジメントしてくださった中谷泰敏さん、教室確保をはじめとして朝から晩まで大学の現場マネジメントをしてくださった秘書の渡辺さん。川堀昌樹さんをはじめとした電話窓口班。

そして急遽仕分けと入力に駆けつけてくださった川堀さんの奥さまである川堀裕子さん、伊藤美月さんをはじめとする新規メンバーのみなさん。宮城支部長小関勝也さんをリーダーとする現地発送チームのみなさん、立場が悪くなるまで値切りまくって鬼発送してくれた銭谷彰さん。いつも迅速に動いてくださった岡本直美さん、辻井宏和さん、松原香織さんら独立Ｗｅｂ班。

綿密に連携を取ってくださった佐々木美紀さんらＥＣサイトチーム。常に相談しながら進めた丸山真理さん、佐藤亜美さん等の会計チーム。野村泰寛さんをはじめとするツイッター班。そして貴重なご支援をいただき、それぞれのネットワークを使って情報を広め、支援の輪を広げてくださったすべてのみなさまのおかげです（ごくごく一部しか名前を挙げられていないです、すみません）。

そして今回の配布プロジェクトが実現する前提としての、５０００台分の資金を集めることができたのは、嶋津祐司さん、内田智貴さん、佐藤長治さん、石井大介さんたち「チームさかなのみうら」のみなさんが１５００世帯もの仮設住宅に先行配布しながら、現ホームページの素材となっている支援者の気持ちに訴える写真や動画を撮ってくれたことが、非常に大きかったのです。

そして田辺万里さんらが初期の「冬物家電プロジェクト」のホームページを高い完成度でつくってくださり、まだ寒さの厳しくない時期に５０００家庭分の支援金を集めることが可能になりました。

そうしたみなさん一人ひとりのご支援、協力があってこそ、これだけのことができたのだと思います。

２０１１年は本当に悲惨な出来事が起きた試練の年でしたが、みなさんに出会えたことで、悪いことばかりじゃないと思えました。

そして、僕らも奇跡を起こせるんだ、ということを学べた一年でした。

本当にありがとうございました。
来年も一緒に奇跡を起こしましょう！

２０１１年12月31日　西條剛央

初めて明かす運営上の「大変なこと」

と、ここまで読んできた読者のみなさんは、「ふんばろう」はいつも順風満帆で何の困難もなく運営されてきたかのように思われるかもしれない。

実際、「冬物家電プロジェクト」から参加してくれた人は、『ふんばろう』の活動はきれいなイメージを持っていたんですが、現場は泥臭いというか、大変なんですね」と言っていた。

確かに、ツイッターなどで日々のつらいこと、大変なことを話したりはしないから、外からはそう見えるのだろう。

しかし、これだけの人間が集まり、拡大し続ける組織をまとめながら、10を超えるプロジェクトを同時並行で運営するのだから、大変じゃないわけがない。
何が一番難しいのか。
ひと言でいえば、「人間」ということになる。
もう少し言えば、**「人間の心」**。

どんな組織も人間でできている。
そして人間は心を持っている。
このことに例外はない。
そして、「ふんばろう」は無報酬のボランティアプロジェクトである。
気持ちだけをエネルギーに動いているプロジェクトと言ってもいい。

僕という〝飛行石〟を中心として、みんなの気持ちだけがエネルギーとなり、空に浮かんでいる『天空の城ラピュタ』みたいなものだ。
だからその力が合わさったときはとてつもない力を発揮するが、誰かが「バルス」と破壊の呪文を唱えたり、飛行石の力が失われたり、みんなの気持ちがなくなった時点で、ガラガラと崩壊していくもろさも持っている。

夏以降、多くのスタッフに疲れが見え始めた。特に、春からふんばってくれていたスタッフは疲れが出て当然だった。

こうした状況に合わせて、「ふんばろう」も、これまでの常時臨戦モードから、長期戦モードに移行することを宣言した。

とはいえ、プロジェクトやチームの増加にともない、一人あたりの負荷は大きくなる一方であり、それぞれがいっぱいいっぱいの状況であることに変わりはなかった。

また2011年9月頃、フェイスブックへの登録者が1000人を超え、会ったこともない人も多い中で、フェイスブック上でやりとりをする難しさが、ミス・コミュニケーションを発端とした人間関係のトラブルとして噴出するようになった。

トラブルを減らすための7か条

僕はすぐに手を打った。

そうしたトラブルを減らすため、全員が入っている「Fumbaro_all」というフェイスブックのグループに、「建設的な場にするために心がけたいこと」をアップしたのである。

フェイスブックのトピックは、誰かがコメントを書けば、一番上に上がってくる仕組みになっているため、「定期的に上にあげて読むようにしてください」と冒頭に書くことで、定期的に確認してもらえるようにしたのだ（実際、これは定期的に読まれ続けた）。

【重要：建設的な場にするために心がけたいこと】

「ふんばろう」には志高く、気持ちのいい人がたくさん集まっていると思います。それでもこじれることがあり、ネットというのはとても難しい場だなあと思います。普通に話していれば問題にすらならないようなことも、すれ違いを生み、そこから決定的な決裂に至ることすらあるのです。

誰も悪くないのに関係性だけがこじれていく。これはとても残念なことです。そこで自戒をこめて、以下のことを心がけたいと思います。

(1) 質問は気軽に、批判は慎重に

質問は気軽にしてもいいです。相手もわからないポイントが理解できますし、伝え方を工夫したりすることができますので、何かしら役立ちます。

しかし、批判は慎重にする必要があります。

いきなり批判的なコメントを書き込むと、そのつもりがなくとも、相手にとっては「攻撃」となり「責めた」と受け止められます。

当たり前すぎて忘れがちなのですが、どのように受け取るかは「他者」なのです。

いきなり批判をするというのは、いきなり斬りかかるようなものだと思っておいたほうがいいかもしれません。

(2) 抱えてから揺さぶる

まずは「お世話になっております」とか、「おつかれさまです」とか、「いつもありがとうございます」とか、相手を認めてから(抱えてから)、「つきましては、これについてもう少しこうしていただくことは可能でしょうか」と「提案」するようにすると、相手も気持ちよく提案を受け入れやすくなります。

どんなに正しいことを言っても、言い方や順番を間違えれば受け入れてはもらえません。相手が納得してくれなければ、正しいことも不正解になってしまうのです。

(3) 集中攻撃に見えるような言動は慎みましょう

たとえ、相手がどんなに「非常識」で、「悪い」ように見えても、みんなで一斉に忠告したら、それは「いじめ」みたいなものです。そのつもりはなくとも、それを見ていた人は「怖いな」「おとなしくしておこう」と思うでしょう。

「ふんばろう」では、「気軽にどんどん発言しましょう」「積極的に自律的に動きましょう」と言っていますが、人間はそうした「発言」よりも、その場での「あり方」を見ているものです。

いくら「積極性を推奨しています」と書いていても、積極的に動いた人に対して厳しい態度で接してしまったら、誰も動かなくなります。

(4) 初めての参加者も見ています

特に関係性ができている人はそれでも大丈夫かもしれませんが、初めて入った人が一度でもそうしたやりとりを見たらどう思うでしょうか？　うわ、怖いな、ここではおとなしくしておいたほうが無難だなとなります。

これはやってはいけないことなのです。

いわゆる日本の「行政」の「お役所仕事」の慣習は、こうしてすぐにできあがります。

「ふんばろう」も立ち上げから4か月以上が経ちました。油断すればすぐに硬直化した組織と同じ構造になってしまいますので、そうならないよう、こうしたことは常々心がけておく必要があります。

私も参加してみよう！　と自然と思えるような場にしていければと思います。

そうすれば参加する人はおのずと増えていきます。

(5) 電話や直接会って話しましょう

メールよりは電話、電話よりは直接会ったほうが、スムーズに進みます。こじれる可能性がある案件については特にそうです。

そういう意味でもミーティングや懇親会には、都合がつけば、できるだけ参加していただければと思います。

(6) 休むこと

どんな人でも大変すぎて余裕がなくなれば、気持ちもささくれてきます。いつもならひと言「ありがとうございます」から始められるのに、いきなり用件から入ってしまったがために、こじれることもあります。

時間の余裕は心の余裕なのです（僕が言うのもなんですが）。

1000年に一度の災害です。

どう考えても長期戦になります。

家族や友人も大事にして、メリハリをつけてやるときはやる、休むときは休み、地に足をつけて支援を続けていければと思います。

CEJ（↓235ページ）の無料ケアも活用してください。

（7）被災者支援を目的としている人はすべて味方です

そして、これだけは忘れないでください。

みんな一生懸命生きて、一生懸命支援しています。

空回ることもあるでしょう。でもそれは一生懸命やろうとしているからです。

誰もが不完全な人間です（僕などできないことばかりです）。

誰もが長所半分短所半分。

お互いさまです。

そこを認め合いながら、支え合いながら、補い合いながら、進んできたからこそ、「ふんばろう東日本支援プロジェクト」はここまでの支援を実現できたのだと思います。

これからもこのことを忘れずに一歩一歩進んでいきましょう。

西條剛央

こうした処方箋は、かなりの効果があったように思う。

この文章が定期的に読まれることで、予防的な効果もあった。たとえば、(2)の**「抱えてから揺さぶる」**というのは、臨床精神医学の大家、神田橋條治先生の汎用性の高い原理を、建設的なコミュニケーションの方法として導入したものだが、これによっていきなり「揺さぶる」から入ることによるミス・コミュニケーショントラブルはかなり少なくなったように思う。何か問題が起きたときも、関係修復が早くなった。

しかし、そうした個々人のミス・コミュニケーションと別の形で、不平不満や内部批判、組織への依存といった様々な問題が噴出するようになった。もちろん、そうしたことは最初からあったのだが、この頃は5%の誤差ではすませられないもののように感じた。

実際のところ、一部の批判は、本当のところ何によってもたらされているのかよくわからなかった。どうやら疲れだけではない、ということはわかったが、明確な理由(構造)がわからないということは、積極的な対処のしようがない、ということを意味する。

そして、フェイスブックのグループは50を超え、自律的に拡大し続ける組織の全体像は、僕やマネジメント層の人も把握しきれない状況になっていた。

あえて言えば、入社試験のような選抜がなく、誰でも無条件で無尽蔵に入れるこのプロジェクトの構造的な弱さが露呈したと言ってもいいかもしれないが、そんなことはいまさらどうこうできることでもない以上、何の解決策にもならなかった。

また、「開かれた場で議論しましょう」と言うのは簡単だが、「ふんばろう」本体のグループで、不平不満を爆発させてしまうと、全体のエネルギーが大きくそがれてしまい、それによって不要な対立が激化し、ややこしくなるだけなのは目に見えていたため、それは採用できない方法だった。

「絶望の公式」から抜け出るには……

そうして、マネジメントやリーダークラスの人たちが多くのエネルギーをトラブルへの対処や人間関係の調整に注がざるをえなくなり、プロジェクトを前に進めるためのエネルギーは、着実に奪われていった。

人間は、前に進むことにエネルギーをかけている限り、いくら大変でもそう簡単に心が折れることはない。しかし、自分が望まない後ろ向きな方向にエネルギーを使うとき、心は急速に摩耗していく。そしてそれが積み重なったとき、硬くなった心は金属疲労を起こし、あるときポキリと音を立てて折れることになる。

そうした「後ろ向き」のエネルギーを使わなければいけないのは、自分も同じであった。そうした中、ある疑問が浮かんでくる。

——ところで、いったい、いつまで、ふんばり続ければいいのだろう？——

どんなに大変なことも、終わりさえ見えていれば、どうにか乗り越えていける。しかし、考えてみてほしい。

あなたが、後ろ向きのまま、終わりのない真っ暗なトンネルを歩き続けなければいけないとしたらどうだろう——。

おそらく、絶望的な気分になるのではないだろうか。

終わりの見えなさは、「ふんばろう」という気持ちをその根っこから引き抜いてしまうのである。

代表である自分でさえそういう気分だったのだから、他の主要メンバーの中にも似たような絶望感を持っていた人は少なくなかったと思う。

「後ろ向き」＋「終わりが見えない」＝「絶望感」

この「絶望の公式」を壊すには、「後ろ向き」を「前向き」にするか、「終わりが見えない」を「終わりが見えるようにする」しかない。

しかし――、果たして、どうやって？

あふれんばかりのエネルギーがあるときならば、そのエネルギーが放つ光が、そういう状況を打破するように、うまく回り始めることもある。

しかし、そういう状態ではないのは明らかだった。また、そもそも直接会って話せない人もたくさんいる以上、人間力やカリスマと言われるような、曖昧だが、いつのまにか感化されてしまうような力には限界があった。

そして、後ろ向きのときに「終わりが見えるようにする」、すなわち「プロジェクトの終了」という重要な判断をするのは、避けるべきだった。それはいくら疲れていてもわかる。

しかし、打つべき手はひととおり打ち切ってしまった。

玉切れになった僕はどうしたか？

とりあえず、おとなしく待つことにした。

何を？

時間がすぎていくことを。

そんな消極的でいいの？

積極策がなくなったのだから、消極策でいくほかない。そもそも調子がよくないときは判断を誤る。戦えば負けるだけ、動けば動くほど深みにはまっていくだけだ。

だから、そんなときは夜があけるのを待つのである。

これは戦略と呼べるようなものではなく、雪深い東北人のＤＮＡに刷り込まれている本能と言ったほうがよいかもしれない。

流れが悪くどうしようもないときは、とにかくじっとやりすごすしかないのだ。

「ＣＥＪ」によって見えたひと筋の光

そんなときにひと筋の光明をもたらしたのがＣＥＪ（Cure East Japan）だった。

ＣＥＪとは、僕が震災に遭遇したときにいた治療室の若林理砂さんが立ち上げた〝後方支援の後方支援〟、すなわちボランティアに対する心身のケアをするグループだ。鍼灸やマッサージなど１５０件以上もの治療院が登録されており、自衛隊や被災者への無料施術なども行っていた。

２０１１年夏以降、プロジェクト内部の人たちの不満が鬱積していることに対応するため、ＣＥＪでは独自に「ボランティア相談窓口」のようなものを開設していたのである。

僕は当初、不満を増幅させることになる可能性も危惧したのだが、結果としてＣＥＪの果たした役割は極めて大きかった。僕はその運営に一切タッチせずにいたので詳細はわからないのだが、おそらく、話を聞いてもらうだけで落ち着いたり、自分が何に不満を持っているのか整理されたりしたのだろう。

次第に、組織の中の心のエネルギーのようなものが、プラスの方向に流れ始めたように感じた。

そして、あるとき、若林さんは「どうも全体的に、どこに何を言えば伝わるのかわからないというのが、不満の原因みたいですよ」とあっけらかんと言った。

組織構造が整理されていないことから、何か言いたいことがあってもどこに言えばよいのかわからない、言っても反映されない、ということが頻繁に起きていたため、組織の循環が悪くなっており、あちこちでトラブルが起きていたというのだ。

正直、「え、そんなこと?」と思った。

しかし、言われてみれば、その「そんなこと」ができていなかった。

重大な問題は、当たり前にすべきことが当たり前にできないときに起きる。

2011年8月時点で、「組織体制を、これまでの個々人のマンパワーに依存しすぎる体制から、役割分担を徹底することで、チームとしてプロジェクトを運営していける体制づくりを目指す」と宣言してはいた。

しかし、あまりに速い組織の拡大に、実際の交通整理は追いついていなかったのである。

そして我が身を振り返っても、そうした個々人の不全感に耳を貸す余裕もなく、実際ほとんどとりあっていなかった。

――では、そもそもなぜ、同じ「被災者支援」を目的としているにもかかわらず、こうしたすれ違いが起きてしまうのであろうか。

いまなら、そうした現象を「契機相関性」と「関心相関性」の2つで次のように説明することができる。

活動の善し悪しは、関心に応じて判断されるのだった。そして同じ「ふんばろう」の名のもとで活動していても、異なる部署は異なる体験をするため（契機が異なるため）、異なる関心を持つようになる。

たとえば、支援者からの寄付を募るＥＣサイト班は、支援者の声がたくさん届くため、それが契機となり、支援者の声に応えたいという関心を持つようになる。

そして、その関心に照らして活動の善し悪しが判断されることになる。

他方で、避難所に支援物資を送るスキームを担当する物資班には、登録されている被災者の声がたくさん届くため、それが契機となり、避難所に物資を届けることに強い関心を持つようになり、それを重視することになる。

こうして、善し悪しの判断基準となる「関心」がいつのまにか異なってくるが、そのことにも気づけないために、議論そのものがズレてしまう、ということが起こるのである。

そしてお互いに「それは違うのではないか」と思っても、それをどこに言えば聞いてもらえるのか、対応してもらえるのかがわからないと、自分の中の「正しさ」に反する状態で居続けることになり、それは気持ち（関心）の強さに比例して、大きなストレスになってしまう。こうして、誰も悪くないのに、なぜか関係性だけがこじれていく、という現象が起こってしまうのだ（なお、こうした洞察は、期を同じくして類似の問題を抱えていた「さかなのみうら」のチーム内でのすれ違いを解消する際に役立った）。

ともあれ、理由（構造）さえわかれば、対策を講じることはできる。

個人的には、外部活動よりも組織運営に力を注ぐようにし、一般スタッフの疑問にも耳を傾けるようにした。マネジメント層にも「管理や統制すること」よりも、**「ほめる」「励ます」**といったポジティブなリアクションをするようにお願いした。

組織を再編すると同時に、組織図の完成を急いだ。拡大し続ける組織を把握する困難さは想像以上で、時間は要したが、ＣＥＪの存在と、組織内部での対応策が功を奏したのか、組織は再び前向きになり、エネルギーを前線の活動に注げるようになった。

そして、「先の見通し」を示すため、震災半年後の9月11日には、今後物資支援から、**仕事・教育・心という3つを柱とした自立支援に軸足を移す**こと、各プロジェクトや支部の独立性を高めていくこと、そして２０１２年3月11日を一つの節目として、そこに向かって無理なく持続できる体制をつくっていくという方針を打ち出した。

また２０１１年9月25日には、「ふんばろう」初の「チャリティイベント＆コンサート」を井手博之さんをリーダーとして開催した。コンサートでは劇団四季などで活躍する土居裕子さんたちが、それまでのプロジェクトの活動をプロモーションビデオにまとめて、「絆」をはじめとする歌を心をこめて歌ってくれたのである。

多くのスタッフは涙していたし、僕も涙が出てきた。僕らは常にふんばり続けていたため、自分たちの歩みを振り返ることもしてこなかったのである。このあとに、スタッフの間で「９２５」と呼ばれることになるイベントによって、多くのボランティアスタッフが、また明日からふんばろう、という気持ちになれたのである。

ということで、ボランティアプロジェクトのチーム編成は、戦士や武術家（現地ボランティア）、商人（会計班）、魔法使い（Ｗｅｂ班）といった攻撃力重視になりがちだが、ＣＥＪのような僧侶（賢者）や癒しの場がないと、ピンチのときに全滅することになる。できるだけ多様な人材を入れておき、多様な部門を揃えておくこと、そしてときには自分たちの歩みを振り返り、ねぎらい合う場を持つことも持続可能な支援体制をつくるうえで重要だと思う。

第 7 章

「一戦必勝」を実現する組織づくりの秘訣

大規模なプロジェクトを給料を払うことなく、どうやって成立させているのか？

この章では、取材などでよく聞かれるいくつかの質問に応えながら、プロジェクトを支える構造構成主義の考え方を伝えていきたいと思う。

取材を受ける中で、一番聞かれるのが、「給料を払わずに、これだけたくさんのプロジェクトを回しながら、どうやって組織を運営しているんですか？」という質問だ。

これに関しては実のところ僕もよくわからない。

だが、それではインタビューの答えにはならないので、それらしいことを言ったりするのだが、本当のところはどうなのか、この機会に考えてみたいと思う。

「実際のところどうやっているのか？」と、改めて自分の胸に問うと、こんな感じの答えが返ってきた。

「目的とビジョンだけは共有し、計画は立てず、必要と思ったプロジェクトを立ち上げて、そのために必要な人とお金を集め、よいと思ったことをやって、よくないと思ったことは

やらず、勝負所にはリソースを集中させ、任せられるところは任せて、帳尻だけは合うようにして、最後は『やってよかったね』で終わるようにする」


え？　何を言っているのかわからないですって？

僕もよくわからない（笑）ので、もう少し考えてみよう。

まず、**目的とビジョンだけは共有**しておく必要がある。

――なぜか？

各自が自律的にまとまった動きができるようにするためだ。

目指すべき方向性が定まっていなければ、自律的に動くと言っても、単にバラバラに動くことになり、大きな力は発揮できない。

みんなが参加したいと思えるような魅力的なビジョンを共有することで初めて、その絵をみんなで塗り潰していくことができる。

しかし、それだけでは各自が現場を見て、判断するのは難しい。

よく「現場力が大事だ」「現場判断を尊重すべきだ」と言われるが、どうすれば妥当な現場判断ができるのか、その指針となる考え方が示されることは少ない。

その指針となる理路こそ、**「方法の原理」**なのである。

これは、方法の有効性は、**(1)状況と(2)目的から規定**される、という考え方であった。そのため、どういうやり方がいいか判断する際には、この2点から勘案すればよい、ということになる。

現場で自律的に動いてもらうために、「方法の原理」の考え方を「ふんばろう」ホームページにプロジェクトの基本的な考え方として明示化して、共有するようにしたのである(以下参照)。

この有事においてかつて経験したことのない速さで事態が変化しています。現場の状況もニーズも今日と明日は違います。

そういうときこそ、「方法の原理」を視点とすることで「有効な方法とは状況と目的に応じて決まるんだな。被災者の支援という目的は変わっていないけど、状況は変わっているから、今日はこういうふうに動いてみよう」と、状況に対応しながらもブレることなく的確な判断がしやすくなるのです。

(2011年4月2日「西條剛央のブログ」から引用)

さらに、変化し続ける被災地において、「ふんばろう」の活動を広めていくため、自分の被災地での経験をもとに**「マイナー避難所の支援方法」**をまとめて、その行動を模倣してもらうことで、同型の動きをする人を増やしていくという**「自己増殖」モデル**を採用した。

そのために、現地から仙台に戻ってすぐに「マイナー避難所の支援方法」をブログにアップし、翌日の「ガジェット通信」というサイトに掲載してもらった。

これは自分の専門の一つである「質的研究法」の考え方を応用したものだ。僕は自分の経験を「データ（事例）」として洞察を加え、個人でも効果的な支援をするための「方法」をまとめて、他の人が模倣できるようにしたのだ。

さらに「ふんばろう」の仕組みを説明するためのチラシをホームページからダウンロードできるようにした。この活動に賛同した人は、ホームページからチラシをダウンロードして、物資を避難所に運びながらチラシを使って仕組みの説明をして、信頼できる人に窓口になってもらう。そうすれば、そのあとは自力で物資を持っていかなくとも、そこには継続的に必要な物資が届くことになる。そして、実際多くの人が、こうした動き方をし始め、支援先の避難所は徐々に増えていった。**「動き方」のモデルを示すことで、自分が現地に行くことも管理することもなく、他者に同型の成果をもたらしてもらう**ことで、「さかなのみうら」一件から始まった「ふんばろう」の支援先の登録避難所は、数十件、数百件、数千件と増加していったのである。

「お金は怖い」をわきまえよう!

あ、それと「なぜ無給なのか?」という質問に答えると、被災者支援を目的としたプロジェクトである以上、支援金を支援に集中させるためにも、人件費はかからないほうがいいためだ。

一番高くつくのは人件費だ。1000人を超えたボランティアプロジェクトでお金を払ったら、いくらお金を集めてもあっという間に破綻するし、肝心の被災者に届かなくなる。それでは組織を維持するための組織になり下がってしまう。

「ふんばろう」は、被災者支援のために機能する〝**市民意志機能体**〟だ。機能しなくなったら、それはもはや存続させる意味がない。

余談だが、**お金は怖い**ということを覚えておいたほうがいい。

特に、中途半端にお金を払うのは、リスクも大きい。

ボランティアは内発的動機から始まる。支援したいから支援する、それがボランティアだ。

しかし軸足が外発的動機（お金）に移ってしまうと、お金がもらえないならやらない、とか、あっちのほうが給料高いからやめるとか、そういうことが起き始める。

何よりも、俺のほうが働いているのになんであいつより給料低いんだとか、あいつなんか何もやっていないのになんで同じ給料もらえるんだとか、内部で必ず問題が起きる。そして活動にかけるエネルギーが失われていく。

お金という汎用性の高い交換媒体は、人間が動く動力源の一つにすぎない。気持ちで動いてくれる人がこれだけいるのだから、そういう人たちだけを集めても十分やりたいことはできる。

ということで、「ふんばろう」では、給料は払わないことにしているのだ（ただし、どういう運営形態がよいかは状況とその組織の目的によるため、給料を払っている組織を否定しているわけではない。念のため）。

「クジラ」より「小魚の群れ」を目指せ

次によく聞かれる「どういう組織構造になっているんですか？　組織のパフォーマンスを最大限発揮させる秘訣は何ですか？」という質問について考えてみたい。

中国の古典『孫子』では、融通無碍の水のような陣形が、あらゆる戦局に対応できるためには理想とされている。相手の出方に合わせて、弱いところにこちらの戦力を集中させたり、いかようにでも動くことができるためだ。

確かにそれは無敵だ。そうありたい。

しかし、である。

そのためにどうしたらいいかを教えてくれる人はいない。

それに、水のようにと言われても、ある程度の規模になれば、組織構造は整えていく必要がある。しかし、組織構造を持つということは、特定の型を持つことを意味するから、無形の型にならないではないか、と思うかもしれない。

しかしながら、組織構造を持つことと、機能（陣形）として特定の型を持たないということは、必ずしも矛盾するものではないのである。

その点を整理して考えるためにも、次の問いを考えてみたい。

そもそも、なぜプロジェクト名をつけたり、役職名を与えたりするのだろうか？

「名は時間を生み出す形式である」という池田清彦氏の提示した命題がある（『構造主義と進化論』〈海鳴社〉）。

これは名づけられることによって、そこには固有の時間が流れ出す、ということを意味している。目の前の奇妙な彫刻に「ゆんぼ」と名づければ、「このゆんぼ古くなってきたね」とそこには時間が流れ出す。

これになぞらえれば、「名は時空間的なまとまりを生み出す形式である」と言うこともできる。

たまたま集まった人たちにチームの名前をつければ、そこにはある種のまとまりが生まれる。役職名が与えられれば、その名にふさわしい動き方を意識するようになる。

だから名を与えるのである。

僕は飲み会の場でも、たまたま似たような職種の人が３人近くにいたので、「じゃあ３人で広報班をやってください。で、工藤賀子さんがリーダーでお願いします」と名を与えていた。それによって、3人が一つのまとまった機能体として動き出すことになる。

話を戻す。ここで述べていたのは、部分的なチームを編成することは、全体として融通無碍に動くことと矛盾しない、ということであった。

「クジラより小魚の群れになろう」

これは2011年4月時点に「ふんばろう」ホームページに書いた一文だ。

クジラは巨大な図体ゆえに容易に方向転換することはできない。しかし小魚の群れなら、一瞬で方向を変えられる。僕らは一人ひとりは小さな魚でも、群れをなすことで、クジラに匹敵する機能を備えることができる。しかも、刻々と変化する被災地においては、魚の群れのようにときにまとまり、ときには細かく分散して、融通無碍に対応できるほうが、機能するのだ。

この考え方をより高度に実現するためのインフラとなったのが、実はフェイスブックであった。

階層をつくらず、シンプルにする

253ページの「ふんばろう」の組織図を見てもらいたい（この図はマネジメントチームの中田幸介さんが中心となって整理してくれたものだ）。

復興支援活動としての「プロジェクト」、そして支援活動を支える機能別部門としてのＷｅｂ、会計、翻訳、庶務などの「チーム（班）」、被災３県の活動拠点となる「現地支部」と東京を含む後方支援拠点の「後方支部」。これらを主軸として、小規模活動単位としての「部」があり、「ふんばろう」の一機能を担う機関でありながら、外部組織でもある「主要連携先」がある。

なお、基本的に重要な部署をできるだけ組織に揃えておくことは大事だ。いざというときに「応援要請」しなければならず、しかも動くかどうかわからない援軍は計算に入れられないし、足並みが揃わなければ、効果的な動きはできないためだ。

これらそれぞれにフェイスブックのグループがあり（あるいは場合によってはサイボウズ Live があり）、おもにはそこで情報交換、共有、コミュニケーションがなされる。

この組織図自体変化し続けてはいるのだが、組織構造がある時点で特定の型がある、と言ってもいい。組織構造をつくる際には、**できるだけ階層をつくらずにシンプルにすること**だけを心がけた。階層が多ければ多いほど機能は著しく低下するためだ（さらに、今回単独のトップに対して、部門が多すぎるだけでも機能は低下するという、考えてみれば当たり前のことを学んだが）。

ボランティアプロジェクトは、いつでも、誰もが動けるわけではない。むしろ、動ける人は限られていると言っていい。支援金は被災者支援に使わねばならないから、戦力が足りないからといってお金で傭兵を雇う（外注する）わけにもいかない。

それでも、必ず勝たねばならない勝負所というのはある。

特に、**心だけで動いているボランティアはモチベーションがすべて**である。

それを維持するには、〝一戦必勝〟が必要になる。「いろいろ大変だったけどやってよかった」と思ってもらうことは決定的に大事になるのだ。その意味では大きな局面での失敗は許されないと言っていい。

「ふんばろう東日本支援プロジェクト」組織図（2012年1月現在）

代表 西條剛央

- 代表秘書
  代表スケジュール管理、連絡調整、研究室管理、大学対応など

マネジメント 全体統括、各部署サポート、トラブル対応など

マネジメント		

プロジェクト 支援活動

物資支援	家電	重機免許取得
ガイガーカウンター	PC設置でつながる	ミシンでお仕事
ハンドメイド	学習支援	おたより
エンターテイメント	漁業支援	いのちの健康
うれしい	就労支援	手に職・布ぞうり
給食支援（終了）		

チーム（班） 支援活動を支える機能別部門

Web構築	会計	翻訳
Web-UP	プレスルーム	広報
独立Web	電話窓口	アマゾン
ECサイト	避難所問い合わせ	総合問い合わせ
ツイッター	庶務	渉外
企業寄付	PR	公的支援申請
撮影（映像・写真）	サポータークラブ	

現地支部 被災3県の活動拠点

岩手支部	宮城支部	福島支部

後方支部 東京を含む後方支援拠点

名古屋支部	京都支部	岡山支部
府中支部	大阪支部	山口支部
神戸支部	ロサンゼルス支部	

部 小規模活動
（規模拡大後は、プロジェクト、チーム〈班〉、支部に昇格）

主要連携先

■さかなのみうら
■復興市場
■CEJ（Cure East Japan）
■髙木重利・天野敦之税理士法人
■ヒューマンリンク
■チャリTV
■チームエース
■ホテル観洋
■リーフ法律事務所
■ユビキタス・カウンセリング
■共生地域創造財団
■美味しい食べもの届け隊

反省会はしない

そのため、まず**「ふんばろう」では「反省会」はやらない**ようにしている。終わったあとに反省会をすることを前提としている時点で、一戦必勝の構えとはほど遠いし、何より**反省会は、自分たちの足りなかったことにフォーカスを当てることになるため、気持ちだけで動いている人のエネルギーを奪うというボランティア組織にとっては致命的と言うべき欠点を持っている**ためである。

もちろん、改善すべき点は改善する必要があるし、事実たゆまぬ改善をし続けてきたのが「ふんばろう」であると言ってもいい（たとえば、ホームページだけで5回抜本的なリニューアルを重ねており、そのたびにその内容は飛躍的によくなってきている）。しかし、それを可能としているのは反省会ではなく、あえて言うならば、みんなで「いろいろ大変だったけどやってよかったね」と健闘を称え合い、ねぎらい、愉しくすごす「懇親会」だと思う。「さらによりよいものにしていこう」という気持ちさえ湧いてくれれば、おのずと改善はされていくものなのである。そのため、「ふんばろう」で行われているミーティングは、いわば「改善プロジェクトミーティング」と言うべき未来を志向した建設的な場にほかならないと言えよう。

〝一戦必勝〟を可能にする「無形の型」の組織力

さて、「いろいろ大変だったけどやってよかったね」と思えるようになるためにも、一戦必勝は必要であり、そのための最強の型とは「無形の型」であった。

――融通無碍の水のような機能体であることによって、戦局（状況）に合わせて、ここぞというポイントに、こちらの戦力を集中させられればいい――。

では、それを実現する組織はどうつくっていけばいいのか？

ここでのポイントは、**支援活動としての「プロジェクト」や「支部」が縦糸となり、それを支える機能別部門が横糸としてあり、多くの人がこれらの複数のグループに所属している、**という点にある（僕やマネジメントクラスは、50以上あるグループのほとんどすべてに入っている）。特に、横糸となる機能別部門のメンバーには、できるだけ縦糸となるプロジェクトにも入ってもらうようにする。

この縦糸となるプロジェクトに、横糸となる機能別部門を織りなすことによって得られるメリットとしては、**部門間の壁が低くなる、**ということがある。

壁が高いと、支援活動のフロントラインを担うプロジェクトのスタッフが、裏方となる機能別部門に「依頼する」という形になる。「明日までにこれをお願いします」といった形で時間的にも無理な注文をせざるをえないことも多いため、どうしても「頼まれたからやってあげている」という形になりがちになる。

これは「やりたくてやっている」ボランティアという行為と矛盾する。また、部署間の壁が高いと、ややもすると反目し合ったりしてしまうことにもなりかねない。

しかし、複数のプロジェクトや機能部門に所属していれば、それら全体に所属意識や愛着というものが生じてくる。何かをするときも、外部から頼まれて、ではなく、プロジェクトチームの一員として自発的に動けるようになる。裏方になりがちな機能別部門の人がプロジェクトグループに参加することで、直接支援している実感も湧く。

さらに重要なことは、そこで何が問題となっているのか、いま何をしようとしているのか情報も共有できる。それによって、**勝負所を迎えたプロジェクトがスムーズに一気加勢して、厚い板に錐《きり》で穴をあけるように一点突破することも可能になる**のである。

それが**縦割りの組織にはできない、「無形の型」を実現する組織の強さ**である。

それによって**一戦必勝**が可能になるのだ。

また、各人が複数のプロジェクトに入っていることによって、家電を配る際に「おたよりプロジェクト」のメンバーが一緒に手紙を渡すことで物と心の支援も可能になるし、また「エンターテイメントプロジェクト」のメンバーが仮設住宅を演奏して回る際に、パソコンやミシン、あるいは学習環境が必要なところがあれば、それらのプロジェクトにつなげるといったように、相補完的な役割を果たしたり、相乗効果をもたらしたりすることで、より効果的な支援の連携が可能になるのである。

リーダーが代わるのも自然なこと

しかし、とはいえ、身体は一つしかない。

そのため、各プロジェクトは、軌道に乗るまでは僕もど真ん中に立って牽引するが、軌道に乗ったあとは基本的に**リーダーに任せる**というスタイルを取っている（もちろん勝負所では再び前線に立つが）。

プロジェクトが自律的に動くために、リーダーの果たす役割は言うまでもなく重要だ。

では、そのリーダーはどうやって選んでいるか。

ぶっちゃけ、縁や流れだったり、直感だったり、結構適当だ。

リーダーは、できるだけ自分で選ぶようにしていたが、まだ機が熟していないようなときは選ばないときもあるし、自分が信頼する人の意見を聞いて選ぶこともあった。また、多くの人の信頼が得られていることを判断材料にすることもあったし、すでに実質的なリーダーの役割を果たしている人に改めてお願いすることもあった。

なお、「投票」は民主主義の典型的な手法の一つだが、これを導入してしまうと、組織の本質的な目的から外れた政治ゲームが始まる条件を整えることになるため、**投票や多数決を行ったことはない。**

民主主義＝正義みたいに勘違いしている人は多いが、考え方の一つにすぎず、それに則った手続きも、他の手続きと同様に、メリットもあればデメリットもあるということは自覚しておいたほうがいいだろう。

たいていのプロジェクトはうまくいっていたが、必要なときにはリーダーを代えることもあったし、生活環境等が変わることでリーダーのほうから他の人に代わってほしいと申し出てくることもあった。

プロジェクトを運営しているうちに、**ボランティアには、長距離選手とリレー選手がいる**、ということがわかった。特に特徴的なのは、リレーのようにメンバーが入れ替わっていく点だ。もちろん、最初からずっとふんばり続けてくれる人も多いのだが、その一方で、ある局面を大きく切り拓く働きをしてから、すっと消えていくような人は少なくない。

個々人によって、様々な事情や生活を抱えているため、むしろそれが自然なことだと思っている。だから**リーダーが代わることもまた自然なこと**だと思っている。一時期でもふんばってくれたすべての人に心から感謝している。

関心相関的観点によれば、あらゆる価値は関心に応じて決まる。

それは当然ながら人間の特性にも当てはまる。「やさしい」を別の面から見たら「優柔不断」だったりするように、見方によって善し悪しは変わる。つまり、どんな人も見方によっては長所と短所を併せ持っている、と言うこともできる。

だから、組織編成をする際には、シンプルだけれど、

「よいところを見て、適材適所」

これに尽きるのではないだろうか。

感謝を忘れたとき、組織は崩壊する

その他に、「プロジェクトを運営する際に心がけていたことは何ですか？」という質問もよく受けた。

一つは、師匠の池田清彦先生の言葉がある。

僕は、日本学術振興会のポストドック研究員をやっていた頃、池田先生の研究室でお世話になっていた。

といっても、池田先生は「自分が面白いと思うことを研究したらいい」というスタンスで、池田先生の学者として人間としてのあり方から学ばせてもらうことは多かったし、さりげなく何かを伝えてくださることはあったが、指導らしい指導、アドバイスらしいアドバイスというものを受けたことはついぞなかった。

しかし、このプロジェクトが始まって間もない頃、その池田先生が初めて、「西條君、これだけは気をつけたほうがいいよ」とアドバイスしてくださったのである。その声はいつになく真剣だった。

「どうしても自分ががんばってやっていると、他の人にもなんでもっとこうしてくれないんだ、とか思ってしまうものだけれど、ボランティアっていうのは無償で奉仕してくれているわけだから、**ほんの少しでも何かしてくれたら感謝しなきゃいけない。**そこで感謝の気持ちを忘れてしまうと、ボランティアの組織は崩壊してしまうんだ。僕が見てきたそういう組織は、みんなそのパターンで内側からダメになっていった。だから、このことだけは忘れないようにしたほうがいい。もちろん、言うべきことは言わなきゃいけないときもあるけどね」

池田先生の初めての忠告らしい忠告だったこともあり、これはその後の組織運営を進める際に意識するようにしていたし、自分のあり方を省みる視点として、実際大いに役立ったと思う。**ボランティア組織は「感謝」を忘れたときに崩壊するのだ。**

「doing」と「being」の双方を大切にする

また、心がけていたこととしては、**その人の存在（being）を認めることを前提としたうえで、行為（doing）の結果（output）も適切に評価できるようにすること。**

僕は、いつも〝徹頭徹尾合理的に〟結果だけを評価している人を見ると、怖いなあと思う。その人が、自分を高く評価してくれているときですら、一方でその人が他の人にひどい扱いをしていたら、「この人はいまパフォーマンスをあげている自分だから評価してチヤホヤしているのであって、そうじゃなくなったら、切り捨てるだろうな」と容易に想像できるからだ。

行為（doing）だけを評価されてきた社員は、会社の業績（doing）が悪くなったら、当然他の会社に移る。それが会社が教えてきた〝合理的な行動〟だから当然だ。だから会社の存在（being）など、知ったこっちゃないとなる。

行為（doing）に軸足を置いている過度な「業績至上主義」の会社が、どこか脆い感じがするのはそのためだ。

人間も会社も社会も調子がいいときばかりではない。どんなに能力があろうと、今回の震災のような天災が降り注いできたら、どうしようもないのだ。

そういうときに**「頑健な会社」は「being」を大切にしてきた会社**だ。

つらいとき苦しいとき、どんなときでも一緒に居続けてきた仲間の存在（being）を大切にしてきた会社は、会社が苦況に立たされたときも会社の存在（being）を守ろうとしてくれる人が出てくる。

しかし、だから存在（being）だけを大切にしましょう、と言いたいわけではない。家族はお互いの存在（being）を愛することに徹していていいと思うし、そうあるべきだろう。しかし、社会において「being」だけに偏ると、甘えた社会になる。その先はコネクションやら不正やら天下りやら、腐った社会になってしまう。「感性論哲学」の創始者である芳村思風氏の言葉を借りれば、「意志なき愛は人を堕落させる」のである。

だから、**その人の存在（being）を前提として認めたうえで、行為（doing）も適切に評価できるようにすることが大切だと思う。そういうコミュニティは、本当の意味で強くやさしいコミュニティになる。**

「ふんばろう」が、そういうコミュニティであれたならば、自然と人は集まり、能力はいかんなく発揮されるだろう。

そういう考えを持っているため、僕はあまりに看過できない場合には、被災者支援という目的に照らして、その人の行為（doing）を批判することはあるが、存在（being）を否定しないようにしているつもりだ。むかついてつい悪態つくことはありますが（笑）。人間ができていなくて申し訳ない。

あと、もう一つ心がけていることは、**「ある程度以上尊敬されながらも、適度に軽んじ**

られる部分を持つこと」である。

まったく尊敬されなければ当然ながら人はついてこない。他方で、あまりに偉い人になってしまうと（僕は偉くないからその心配はないんだけれど）、思ったことも言えなくなってしまう。

絶対やめたほうがいいのに、と多くの人が思っているのに言えない状態になったとき、組織は必ず衰退する。それは組織が滅亡に向かう基本的条件なのである。したがって、**思っていることを言えない雰囲気だけはつくってはならない。**

かといって、軽蔑されるほど軽んじられたらやはり人はついてこない。

だから、ある程度は尊敬されながらも、気安く物が言えるようなあり方で居続けたいと思っている。

最近は、飲み会で大量に飲まされることも多く、微妙なところではあるが。

第 8 章

ポスト3・11に向けた人を助ける仕組みと提言

なぜ、逃げなかったのか？

「なぜ、おじさんは逃げなかったのだろう？」

この本を書いている間に、何度も去来した想いだ。

もう少し問いを狭める。

「なぜ、おじさんは逃げなくてもいいと判断したのだろうか？」

発見された場所から、おじさんは仙台空港の北の道路を一本挟んだおじさんの倉庫にいたと推測されている。東側にはすぐ貞山堀という堀があり、そのすぐ東に太平洋が広がっている。

海岸からの距離はいくばくもなく、津波が来たらひとたまりもない場所だ。

とはいえ、空港がそこにつくられたことからもわかるように、今回のような津波は想定外だったに違いない。

実際、ほとんどすべての人が、これほどの巨大津波が来るとは思っていなかった。しかし、その一方で、津波が来ると思って逃げた、という人も少なくない。ここまでの巨大津波とは思わなかったにしてもだ。

逃げた人と逃げなかった人、この生死を分けた分岐点は、いったい何なのだろうか？

もちろん、停電で防災無線が鳴らなかったとか、ラジオを聞いたからとか、逃げろと言われたからとか、誰かを助けにいったからとか、いろいろな理由はあるに違いない。おじさんも、ラジオを聞いていなかったのかもしれない。倉庫には窓がなかったので、津波が来ているのも見えなかったのかもしれない。

だとしても——なぜ、逃げなかったのだろう？　情報がなくとも逃げるという判断をすることはできないものだろうか？

いや、それは結果を知っている人間のあと出しジャンケンにすぎないのであって、自分がそこにいても、逃げなかったかもしれない。

それに、逃げたほうがいいとわかっていても、誰かを助けようとして逃げ遅れたのかもしれない。本当のことはその場にいない限りわからない。

だがそれでも、自分だったら逃げると判断した気がするのだ。

ではなぜ？　なぜ自分はそう判断した気がする、などと言えるのだろう？

その根拠は、地震が起きた直後に、「これはとんでもないことになる」と思っていたからだ。

では、なぜ、そう思ったのか？

直感と言ってしまえばそれまでだが、しかしその背後には、何らかの仮説があった気がする。

それはどういう仮説か？

こうした問いが頭を巡っていたら、あるとき、顕微鏡の焦点が合わさるように、その像が鮮明な命題として言語化された（構造が構成された）。それはいま思えば、自分の中にいつの頃からか自覚されることもなく、ぼんやりとあったのだと思う。

その仮説は次のような命題だ。

仮説「地震の大きさと被害の大きさは相関する」

地震そのものは震災ではない。誰もいない島で（あるいは星で）どんな大きな地震が起きても震災とは言わない。地震によりもたらされた被害の大きい災害を「震災」と呼ぶ。人が大きな被害にあったとき初めて大地震は「震災」になる。

「相関」とは、統計を学んだ人ならわかると思うが、「因果関係」を示すものではない。身長と体重は相関があるが、身長が高い人が必ず体重も重いとは限らない。長身でひょろっと細身の人もいるし、身長が低くても太っている人もいる。だから「比例」ともまた違うのだが、ニュアンスとしては、**「被害の大きさは地震の大きさに応じて大きくなる傾向がある」**と捉えていただければと思う。

「地震の大きさと被害の大きさは相関する」ということは、つまり、揺れの大きさ（震度）やマグニチュードと被害の大きさには相関がある、ということだ。

これはいったん見えてしまえば、なんてこともない、それはそうだろうというものだ。しかし、この当たり前すぎる命題は、当たり前すぎるせいか、明示的な形で教えられたことはなかった気がする。

今回の震災に遭遇したとき、僕の中に漠然とした形ではあるが「地震の大きさと被害の大きさは相関する」という暗黙知があったのだろう。

だから――、「これはとんでもないことになるぞ」と思ったのだ（21ページ参照）。

つまり、「いままでにない揺れだから、いままでにない大規模な災害になる」と確信したのだ。

そのため「実家はいままで潰れなかったから、今回も潰れない」とは考えずに、「いままで潰れなかった実家も、これは潰れたかもしれない」と考えたのだ。

では、仮にだが――おじさんがこうした仮説を持っていたとしたらどうだったろうか？

「いままで津波は来なかったから、今回も来ないだろう」ではなく、「いままで経験したことがないほど大きく長く揺れたから、いままでは来なかった津波も来るかもしれない」と考えたかもしれない。少なくともその可能性は高くなっただろう。

裏を返せば、僕はずっと「おじさんは、どうすれば助かっただろうか？」と問うていた、ということになる。

この問いをより具体的に表記するならば、「どういう知識を持っていたら、おじさんは逃げるという判断をした可能性が高くなっただろうか？」ということだ。

そして、その答えが、「地震の大きさと被害の大きさは相関する」だったのだ。固定的なマニュアルは一定の有効性はあるが、想定外の事態が起きたときには、致命的な結果をもたらすこともある。実際、今回指定された避難所に逃げた多くの人たちが亡くなった。

しかし、この知識さえ持っていれば、たとえば、今回以上の大きな地震が来た場合には、「今回ぎりぎり持ちこたえた建物や、津波がぎりぎり到達しなかった避難所はやられてしまうかもしれない」と洞察することが可能になる。そうすれば、マニュアルに書かれていなかったとしても、さらに高いところに逃げようといった判断ができるようになるだろう。

なお、ここでは学術的な意義や先駆性を主張したいのではない。そうではなく、こうした命題（公式）を明示的な知識として共有することで、より多くの人が情報がないときも自己判断しやすくなるし、またこうした仮説をなんとなく持っていた人もこれを視点としてより自覚的に判断したり、他者に伝えることが可能になる、ということを考えれば、やはりこうした知識は広めていく必要があるだろう、ということである。

さて、ここからは簡潔に、他にプロジェクトの活動を通して気づいたことを震災関連の報道などを踏まえながら、提言していきたいと思う。

未来の命を救うために震災被害の検証を

２０１１年12月30日にフジテレビで『わ・す・れ・な・い～東日本大震災・命の記録～』という津波の動きや地震を検証する番組がやっていた。

これは被災者の生死を分けた要因は何だったのかを、映像や生存者へのインタビュー、検視員の見解などから明らかにするもので、非常によくできた番組だったと思う（以下にその検証結果に確認された一部を掲載しておく）。

●宮古市では、「ただいま、20cmの津波が観測されています」という放送が流れ、人々が安堵したとき、急激な引き波で川の水位がかなり落ちており、その7分後、巨大な津波が押し寄せた。同時刻、海上保安庁で、初めて海面の隆起を確認してから1分27秒、建物の屋上に上がると、辺りは海になっていた。

●堤防が津波の音を遮っており、高台からは見える海面も、堤防の近くの家からは津波が見えない。防波堤を越えると同時に蓄えた力を放出し、滝のように住宅街に流れ込み、一気に街をも飲み込んでいった。

◉細長い湾の奥は次から次へと水が流れ込むため、押し寄せた波をはるかに超える高さとなって跳ね返っていく。ときに津波は障害物によってその方向を変え、逃げる人々を挟み撃ちにした。

◉砂を大量に含んだ津波を飲み込んだ人は「津波肺」となり窒息死した。

こうした検証は今後さらになされていくべきだと思われる。

ところで、先の報道番組の引用にあったように、最初の「20㎝の津波が観測されています」という放送を聞いて、大丈夫だと油断してしまった人も多いだろう。また、「堤防が津波の音を遮っており、高台からは見える海面も、堤防の近くの家からは津波が見えない」ことから、実際に逃げずに津波に飲まれてしまった人がいたのである。しかし、そういった場合にも、「地震の大きさと被害の大きさは相関する」という知識さえ持っていれば、そうした放送を聞いたり、津波が見えなかったとしても、「かつてないほど揺れたのだから、かつてないほどの被害になる可能性は高いため逃げたほうがいいだろう」と考えて、高台に避難するなど適切な行動が取れる可能性は高まると言えよう。

また、現地で活動していると、津波に流されたが助かったという人にかなり出会う。しかし、そういう人が何人いるのか、という調査はなされていないように思われる。

津波に流されないためにはとにかく逃げることが一番だが、流されても助かった人は、どういった共通点があり、どういう動き方をしたのかを明らかにすることも、今後役立つ知見になる可能性がある（たとえば、泳げれば助かるというものではないが、津波に飲まれて助かった人は泳ぐことができたはずだ）。

防災マップの見直しとナビゲーションシステム

津波は海に隣接している地域なら、いつどこで起きてもおかしくない。

僕は海沿いに行くと、「ここで津波が起きたらどこに逃げるか」という視点から見る癖がついてしまったのだが、逃げる場所が見当たらないところも少なくない。今後は津波や火事などの防災マップとも連動させて、携帯電話の位置情報からどこに逃げればいいかナビゲートするシステムを構築していくことも必要となるだろう。

今回と同じ規模の津波が来ると想定して、全国のシミュレーションマップをつくり、指定避難所の洗い直しをすることが求められるが、その際にも**「想定外」を想定しておく**必要がある。「地震の大きさと被害の大きさは相関する」という命題に従えば、今回以上の地震が来た場合には、さらに高い津波が来る可能性が高い。その場合にも、ある程度上限なく上に逃げ切れる避難場所などの情報も必要だろう。

地震学はゼロベースで多様なアプローチを

ところで、２０１１年10月の日本地震学会では、「大震災を想定できなかったことについて『地震学の敗北』と異例の自己批判をし、防災に寄与する研究の方向性などを模索する」シンポジウムが開催されたという（２０１１年10月12日の「ＭＳＮ産経ニュース」）。池田清彦氏が創唱した「構造主義科学論」によれば、科学とは、現象を予測し、制御する構造を追求する営みということになる。これだけの超巨大地震をまったく予測できなかったということは、構造がつかめていないということにほかならず、敗北宣言は妥当というほかない。

しかし通常、学会というのは自らを権威づける方向に力学が働くため、こうした自己批判がなされることはほとんど皆無である。だからこそ、これは同じ学者として、尊敬に値する立派な態度だと思う。

科学とは、とにかく予測できることが大事なのだから、学会の常識的アプローチの限界が明らかになった以上、これまでの常識に縛られないあらゆるアプローチを学問的検討材料として許容したうえで、ゼロベースで予測に役立つ構造を追究していくことが期待される。

「要請主義」から「能動的支援体制」へ

現在、被災地外の自治体から被災自治体へ支援するためには、被災自治体からの要請がなければ動けないという制約がある。これが「要請主義」である。今回、支援活動をする中で、この「要請主義」の壁が被災地外の行政からの支援を妨げていることを痛切に感じた。

「要請主義」とは、被災自治体が軽症であることを前提としたシステムであり、今回のような被災自治体が瀕死の重傷を負ってしまった場合には、ほとんど機能しないのだ。

たとえば、指を切ったくらいであれば、保健室に来てもらって、「すみません、ここ切っちゃったんで処置してください」と要請してもらえば事足りる。しかし、トラックにはねられて死にかけている人に、「悪いところがあったら、どこをどうしてほしいか言ってください。その要請に応えて処置しますので」というのは、むざむざ目の前で死ぬのを待っているのと同じである。

同様に、今回のような大震災において、被災自治体は、とにかく自分たちが瀕死の重傷を負ったことだけはわかっても、どこが悪いか把握することはできない。被害の大きかった地域ほど情報はあがってこないのである。要請する余裕もなければ、要請するための人材も情報もない（南三陸町の役所では、10名しか生き残らなかったのだから無理はない）。そのため「要請があれば」と言われても、「結構です」ということになる。

中長期的に支援する準備をしていた東大阪市の野田市長は、この要請主義の壁に遮られたが、ツイッターで僕を見つけてそこから最大限の協力をしてくださった。とはいえ、この要請主義という壁により、自ら能動的に動くことができず、歯がゆい想いをされていたようであった。

今回の震災において、日本赤十字社は要請主義をやめて、能動的な支援体制に移行していたため、被災自治体からの要請がなかったにもかかわらず、初めて10チーム以上が震災直後に北に向かい、大きな貢献をした。

それにならい、今後は、各自治体のチームもそのような動き方ができるようにすることで、より**能動的な支援体制**をつくっていく必要がある。

日本赤十字社への提言

震災後初期に日本赤十字社の果たした役割は言うまでもなく大きい。先に述べたように、特に従来の要請主義を乗り越え、「北へ向かえ」をスローガンとした初期行動の速さは特筆すべきものがある。

ただし、集まった巨額な支援金を被災者のために有効活用するという点では、改善の余地が大きくあるように思われるため、今後果たすべき役割について提言していきたい。

まず、「ふんばろう」の「必要な物を必要な人に必要な分届ける」支援物資の仕組みを導入すれば、より効果的な支援が可能になるだろう。国際的な信頼も厚く、豊富な資金とネットワークによりＮＨＫや地元新聞にも常に情報を流せること、またそのための専従できる人を雇えることを考えれば、現在の「ふんばろう」よりも格段に効果的な支援が可能になるはずだ。

また、日本赤十字社主導で、「Fumbaro Japan Model」を世界に広めることができれば、先進国における災害に関する支援活動を一つ上のステージに押し上げることも可能になるだろう。

次に、２０１１年11月12日に行われた「赤十字シンポジウム２０１１　たすけあう世界へ～東日本大震災でつなげていく支援の輪～」にパネリストとして参加した際に、発言した内容を述べていきたい（なお、この模様はＮＨＫ教育テレビ「ＴＶシンポジウム」『たすけあう世界へ～東日本大震災でつなげていく支援の輪～』で２０１１年11月26日に放送された）。

重要な家電はだいたい1階にあるため、家電はみな使えなくなっているのだから、半壊状態の家に戻って暮らす個人避難宅の人などにも、家電の支援をすべきだろう。

その場合、被災者がどこに住んでいるか把握できないという問題があるだろうが、それがクリアできる方法はすでにある。

第6章の「冬物家電プロジェクト」でその有効性を実証したように、新聞、ラジオ、テレビなどあらゆるメディアで大々的に告知して、それを見た被災者に、罹災証明書のコピーと希望の家電を書いて送ってもらい、支援が必要と判断された家に直接希望家電を送れば、どこに住んでいても届けることができる。その際のリスク管理として、転売目的や虚偽の申請をした人への罰則規定を設けることで、十分な不正防止策を講じておけばいいだろう。

これは義援金の給付制度にも援用可能のはずだ。今回、義援金が届かなかったのは、被災した地元行政を介して情報を一元的に管理してから義援金を給付するというスタイルだったからだろう。そのやり方は、多くの行方不明者を捜しており、生存者が確定できない段階では、財産を失ってまさに〝そのときに〟お金を必要とする人への支援を遅らせることになる。

前述のような申請制にすることで、被災行政を介すことなく、困っている人にダイレクトで給付することが可能になる。細かい点を詰めていけば、基本このアウトラインでうまくいくはずだ。「ふんばろう」としては、ノウハウ提供は惜しまないので、ぜひ前向きに検討してもらいたい。

被災自治体で支援物資を上手に流す仕組みとは？

この震災において、気仙沼市では、ヤマト運輸の「救援物資輸送協力隊」にすべての支援物資のロジスティックスの指揮を任せて、その支配下に自衛隊が入ることで、支援物資をスムーズに届けることが可能になったという。以下ヤマトホールディングス社長・木川眞さんと糸井重里さんのやりとりを見てみよう（糸井重里＋ほぼ日刊イトイ新聞『できることをしよう。』〈新潮社〉より）。

木川　気仙沼が救援物資で大混乱してるというので、見るに見かねて「ロジスティックスの専門家を送り込みますよ」と提案しましたら、「全面的にお任せします」と。

（中略）

糸井　気仙沼とは逆に、「それはちょっと」と、お断りになる市町村もあったわけですか。

木川　ありました。われわれの善意は受けとめてくださるのですが、現場の指揮命令権は手放したくない、そこは自分たちの責任であると。そう言って、ご自分たちでがんばられた市町村もたくさんありました。

糸井　もしもの話なんですが、その市町村がみんな「全面的にお任せします」と言ってきたら、そこに送り込むだけの人材はあったんですか？

木川　ありましたよ。

糸井　うぉっ、かっこいい！

木川　それが五百人なんです。トラック二百台。人員五百人で支援体制を組んだ

「救援物資輸送協力隊」がそれです。

糸井　なるほどぉ、かっこいいなぁ。

木川　これまでで、一度に出た最多は百八十名なので、あと三百人くらいの余裕があったんです。

おわかりだと思うが、今後どうすべきかの答えはここにある。

今後の被災地行政は、有事においては、支援物資のロジスティックスをヤマト運輸に任せて、自衛隊をその支配下におく体制を敷くという取り決めをつくってしまえばいいのだ。

その後、そうしたロジスティックスが確立し、緊急時期がすぎて、宅急便と携帯電話が通じる状況になったならば、被災自治体が、「ふんばろう」の支援物資の仕組み（あるいは先に提案したように、それを日本赤十字社が運用してくれるなら日本赤十字社の仕組み）を導入すればいい。

難しいことは何もなく、各避難所に連絡先を教えるだけでいいのだ。そうすれば、次第に多様化する被災者のニーズに合わせて、全国の支援者（自治体）から直接必要とされている物資が必要な分だけ届けられることになる。

公平主義からの脱却

もう一つ行政の足かせになっていたのが、「全員に、完全に同一の物を、同時期に配らなければならない」という「公平主義」である。

この公平主義ゆえに、３００枚布団があっても、５００人全員に渡せないのは不公平になるから配らないといった判断をしたり、野菜を全員にあげられないからといってすべて腐らせて捨ててしまう、といったことが各地で起きていた。

また、石巻のある中学校では、１００人以上の被災者がいる避難所にもかかわらず、２０１１年7月になっても洗濯機は1台も設置されておらず（東大阪の野田市長にお願いしてようやく8月に設置された）、平等公平にということで、わずか4台の扇風機が体育館の真ん中の誰もいない場所でカラカラ回っていたのである。

また、某市では育ち盛りの子どもたちにとって、あまりにも貧相な簡易給食（ごはん、おかず一品、牛乳など）が問題となっていたため、おかずを追加するための補正予算がついた。

にもかかわらず、それは直接被災した小中学校にしか適用されないことから、他のところの予算がないということで、公平に全員におかずを追加しない、という判断をしたのだ。「ふんばろう」では、そうした状況を見るに見かねて、**「給食支援プロジェクト」**を始動させた。

このように公平主義は、この有事において、全員を公平に不幸にするために猛威を振ったのである。

ここでは、「公平主義の呪い」というべき一つの倒錯が起きているのだが、それを「方法の原理」と「方法の自己目的化」という観点から説明してみよう。

「公平」とは何らかの目的を達成するための方法概念であり、この場合、行政の目的とは市民を幸せにすることだろう。そして平時においては、市民を幸せにするために、公平主義が一定の有効性を発揮する。

しかし、今回のような有事においては、「公平」が方法概念であることを忘れ、それ自体の遵守にとらわれることで、すべてを失った被災者をさらに苦しめることになった。それはこれまでの慣例とその成功体験、そして不公平な扱いに対して過度に敏感な市民からのクレームによって、行政は公平主義に染まってしまったため、と考えることができる。

このように、「方法の原理」を視点とすることで、市民を幸せにするはずの行政が、全員を公平に不幸にするという不合理がなぜ起きるのか理解することができる。そして、そうした考え方を共有していれば、そうした呪いを解くこともできたと考えられる。

では、どうすればいいか？

まず、先に述べたようにそもそも本来の行政の共通の目的とは何かと問えば、それは市民を幸せにすることのはずだ。

そして公平とは必ず、ある観点から公平である、という形を取る。したがって、500人に対して300枚の布団しかないならば、「お年寄りや小さな子どもがいる家庭に優先的に配り、足りない部分は家族で毛布を共有してもらうようにします」といった形で、異なる公平性を成立させる観点を置き、市民に納得してもらえるようにすればいいのである。

また、市民もあまりにも細かいところでクレームをつけると、行政はますます頑なになってしまうので、その点は自省することも必要かもしれない。

個人情報保護法の弾力的運用を

今回の震災で個人情報保護法は、被災者支援にとって大きな足かせとなっている。「ふんばろう」の物資支援の仕組みにおいても、この法律のためにスムーズな支援は妨げられたし、この法律のために、行政はボランティア団体にも自宅避難宅や借り上げアパートなどの「みなし仮設」に住む人たちの情報を出せないため、行政の支援も受けられないそうした人たちに、ボランティア団体も支援ができずにいるのである。

本来あらゆる法律は、市民を幸せにするためにある。その法律がすべてを失った被災者をさらなる苦境に追い込むとしたら、それは本末転倒以外の何物でもない。

２０１１年10月15日に北海道大学で開催された「情報ネットワーク法学会」のシンポジウムでも、僕以外の多くの登壇者も主張していたように、今後震災時においてはこうした法律を弾力的に運用できるように法整備を進めるべきであろう。

仮設住宅からトレーラーハウスへ

仮設住宅は予算的には、一世帯あたり２３８万円以内と本来決まっているのだが、柿沢未途衆議院議員の国会質問によって、今回の震災では一世帯あたり５５０万円前後のお金をかけていたことが明らかになった。

しかも冬へ向けた防寒対策費を含まずに、その値段だ。貸与期間は完成の日から2年以内とされる仮設住宅にそれほどのお金をかけるのは、コストパフォーマンスが悪すぎる。

何よりも、建設まで時間がかかりすぎている。

東日本大震災後３か月で完成した仮設住宅は半数で、入居率は４割、９万人が避難所生活を余儀なくされた（石巻市において必要戸数が完成したのは、震災から半年が経過したあとである）。

そして、２０１１年5月のＮＨＫの調査では、震災から2か月が経過した時点で、被災地で長引く避難生活のストレスなど震災の影響で死亡したとみられる人が、少なくとも５２４人を超え、その後も増え続けていることが明らかになった。そして、２０１２年１月時点で、１０００人以上の関連死が認定されている（したがって関連死を含めれば、東日本大震災の死者は2万人以上ということになる）。

専門家によると、こうした関連死は、生活環境の改善などで防げる場合が多いという。日本では10年に一度くらいの割合で震災が起きている。定期的に震災が来ることがわかっているのだから、迅速に対応できるように**仮設住宅はトレーラーハウスにすべき**である。それによって震災関連死をかなり減らすことができるだろう。

実際、防寒対策費などを含めて６００万円ほどかかったことを考えれば、それなりに立派なトレーラーハウスを購入できる。大規模災害用にトレーラーハウスを全国に分散させて配備しておき、大規模災害があったらすぐに被災地に輸送すれば、迅速に対応できる。使い回しがきくことを考えれば、経済的にもメリットは大きい。そこで浮いた分のお金は仮設住宅ではなく、ちゃんとした住宅の補助に充てることができる。そうすれば、先行きが見えず途方に暮れる被災者も希望が持てるはずだ。

移動が可能であるため、親戚が集まったり、仲のよい友人同士で集合住宅をつくれることから、コミュニティ形成も容易であり、孤独死の防止にも役立つにちがいない。

ただし、移動できるため行政が管理しにくいという問題が考えられるが、GPSで位置を把握し、パソコンや電話などを常設しておけばクリアできるだろう。

人間の手で地震や津波を防ぐことはできないが、**関連死は防ぐことができる。**関係省庁にはぜひ前向きに検討してもらいたい。

津波を「いなす」津波防災都市構想

南三陸町に初めて行った日、被災地の海岸線を100㎞くらいたどりながら思ったのは、「津波は止められない」ということだ。巨大な防波堤があちこちで破壊されていた。

もちろん、台風やある程度の津波を防ぐために数mの防波堤は必要だろうし、意味はあるが、巨大津波に対しては「防護」の発想では対処できない。

仮に20mの防波堤をつくったとしても、それをも乗り越えてくる津波には意味をなさない。人は常に自覚的に想定しているわけではないが、何らかの事態に思いを馳せるとき、意識せずとも「起きてもこんなものだろう」と思う。それがその人の中の「想定」だ。そして、その想定を超える出来事が起きたとき、致命的な事態に陥ることになる。

しかし、今回明らかになったように、想定外のことは必ず起きるのだ。これは**「想定外の原理」**と言っていいほど確かなことであり、常に想定外の高さの津波が来ることを想定しておかなければならない。

そしてもう一つ明らかになったことは、津波は、海岸からの距離ではなく、「高さ」がすべてだということだ。津波は川に沿ってどこまでも遡っており、川沿いはことごとく壊滅的な打撃を受けていた。津波の届かないところ、届いたところには、天国と地獄の境界線が引かれたかのように明暗が分かれた。

自治体によっては、海岸に住めない条例をつくろうという動きもあるようだ。安全性を考えて、ということだろうが、故郷にもう一度住みたいという人の気持ちも尊重する必要がある。

また、人間はどうしたって便利なところに集まっていく。漁業関係の仕事をするのであれば、海に近いほうが便利に決まっている。条例をつくったとしても、それは変えることもできる。そして人間は忘れる動物だ。たとえ忘れないようにしても、体験した世代がいなくなった頃に、巨大津波がやってきたら同じ悲劇が起きてしまうだろう。
「巨大津波が来るということを前提として、それでも安全に住むためにはどうすればよいか？」という問いのもとで、都市設計をしていく必要がある。

また平野部は避難する場所がなかったために、多くの人が逃げることができずに亡くなった。海に沿った南北の道ばかりで、東西の道がなかったために車で逃げた人も津波から逃げることができなかった。したがって、津波を念頭に置いた道路整備を進める必要がある。

そして、ここに逃げ込めば、さしあたり大丈夫という建物をつくるべきだ。

たとえば、仙台平野のような場所ならば、所々に流線型の高層建築物を、オーシャンビューのように海に平行に立てるのではなく、**先端を海に向けて建てる。津波が届いても「いなす」という発想**だ（場所によっては、あらゆる角度から津波が来ることを想定し、円形または楕円形のほうがいいかもしれない）。一撃で防波堤を砕く津波の威力は凄まじいが、うまくエネルギーをいなして、分散させられるような形に設計してやれば、最小限のダメージですむはずだ。

想定外の可能性を減らすために、今回来た津波の倍の高さにも対応できるようにする

（たとえば40m）。そして、そうした津波をいなす建物を1か所に集めずに、要所要所に建てることで、緊急時には近いところに逃げ込めることにするのだ。

「一戸建て」は壊滅したが、こうした鉄筋コンクリート製の建造物なら残る。公共の施設でもいいし、居住用のマンションでもいい。もちろん、他の土地に一戸建てを立てたい、という人にはそれを補助してあげればいい。また、リアス式で近くに高台のあるところは、高台を削ってそこに住居区をつくるというのも有効な方法だ。

しかし、平地をまったく使わないというのは現実的ではないため、こうした建築物も併用していく必要はあるだろう。

ただし、海沿いに工場地帯があり、石油タンクなどが流れてくる可能性があるところは、火の海になる可能性があるため、そこは火災を念頭に置いた対策が必要だ。

いずれにしても、今回の震災によって経済的な余力がある人は少ないという状況を考えると、住居に関しては、国や自治体が補助金などの十分な経済的な措置を講じる必要もある。

今後、生活者の希望を踏まえつつ、防災、建築、都市設計など様々な専門家の意見を取り入れながら、**世界のモデルとなる津波防災都市**を構築していくことが期待される。

原発問題の解き方と答え

「ふんばろう」では、福島原発によってもたらされた放射線被害に関して、原発推進、原発反対の政治的な運動と切り離した科学的計測プロジェクトとして「ガイガーカウンタープロジェクト」を実施してきた。そのため、原発の問題についてはあえて言及しないできた。

したがって、以下の見解は、「ふんばろう」の代表としてではなく、構造構成主義者としての哲学的な（原理的な）アプローチに基づく一見解として受け取ってもらいたい。

実はこの問題については、構造構成主義の観点から推進派と反対派の壁を越えてどのようにアプローチしうるのかブログに書いたものが、2011年3月29日の「ガジェット通信」に、「広くわかりあうための原発論とは？：賛成派と反対派の壁を越えて」という記事として掲載されたことがある。

ここでは、そこに掲載された信念対立に陥らないための問いの立て方を引用したうえで、現状を踏まえて、2012年1月時点での結論を導いていこうと思う。

信念対立が起きるとき、それぞれの関心の所在を見定めていくことが有効です（これは構造構成主義の関心相関性という原理の応用です）。

「原発は止めないほうがよい」という人は、「原発停止による経済の停滞を起こさないこと」に関心があるはずです。

経済の発展は震災復興を下支えするものになります。また先に触れたように無理な節電によって二次被害が生じても本末転倒です。こうして考えると、原発を止めないという考えも妥当ということになります。

他方で、「原発は即時止めるべき」という人の関心は、安全の確保にあるはずです。いま他のところで大地震が起きて、福島と同じような事態が起きたらそれこそ取り返しがつかない、そうなる前に止めるべきだと考えていると思います。これもまた妥当な考えだと思います。

このように、ある関心から見るとそれぞれ妥当なものであることがわかるでしょう。しかし逆説的ですが、こうした場合にこそ信念対立が起こりやすいのです。それぞれが正当性を主張できるためです。

ではこの2つの原発に関する背反する考えを調停するには、どのように考えればよいのでしょうか。

ここでは問い方を根本的に変える、ということが鍵になります（こうした場合、答えが出るように適切な形に「問い方を変える」というのは哲学が鍛えてきたとても有用な方法なのです）。

つまり「原発は是か非か」ではなく、双方の関心を織り込む形で、**「原発をなくしても問題が生じないようにするには、どのようにすればよいか」**といった形に問い方を抜本的に変えるという点が、最も重要なポイントなのです。

「原発は止めないほうがいい」という人も、原発の危険性はもはや否定することはできないでしょう。原発を止めるにこしたことはないが、止めてしまったならば他のところで大きな弊害が出るため賛成はできないと考えている人が多いと思います。

しかし、原発をなくしても問題が生じないとしたらどうでしょうか。おそらくそれなら反対しないと思います（原発推進を利権絡みで進めている人は断固推し進めようとするかもしれませんが、ここではそういう人は置いておきます）。

したがって以下では、原発をなくしても問題が生じないようにするにはどのようにすればいいかを考えていきましょう。

この記事では、このあと、（1）我々にはどれだけの電力が必要なのか現状の把握、（2）経済を停滞させないための節電方法の開発、（3）原発に代わる代替エネルギーの充足の3点にポイントを絞り論じている。

しかし現時点では、（1）に関して、現実に原発を止めても電力量は足りることが明らかになってしまった。以下に2011年12月25日の「MSN産経ニュース」から引用する。

九州電力は25日、管内で唯一稼働中だった佐賀県玄海町の玄海原発4号機（118万キロワット、加圧水型軽水炉）の発電を停止し、定期検査を開始した。これにより国内商業炉54基のうち稼働中のものは、北海道電力の泊原発3号機や中国電力の島根原発2号機など計6基となった。

九電の原発全停止は、管内6基体制となった平成9年以降では初。最も古い玄海1号機だけが稼働していた時期を含むと、同機が定検入りした昭和55年以来31年ぶり。

九電によると、原発停止で1月の供給力は1469万キロワットになる。最大電力需要は１４５７万キロワットと予想され、予備率は０・８％。厳冬だった前年並みに需要が膨らめば、予備率はマイナス２・２％に落ち込む。

また、２０１１年12月26日の「日刊ゲンダイ」でも、「【九電・原発全ストップ】全国6基だけで冬を越せる不思議」として、以下のように述べられている。

それにしてもこの冬、列島で稼働している原発はわずか6基だけ。電力会社は原発を停止させるたびに「需給逼迫」を繰り返すが、これで5％程度の節電に努めながら冬を乗り越えられたら、54基もつくったのは何だったのか、と言いたくなる。

原発は電気事業法に基づき13か月に1回定期点検を行うため、止めなくてはならない。そして安全性に関心のある国民が声をあげ、再稼働に猛烈に反対したため、6基まで減った。そしていま真冬を迎えているが、計画停電どころか、節電の雰囲気もなく、震災前と同様イルミネーションが輝いている。

もはや、この現実が、答えを出してしまったと言えよう。

「原発の危険性はもはや否定することができず、かつ原発をなくしても問題が生じない以上、原発は止めるにこしたことはない」というのがその答えだ。

原発は再稼働させなければ1年以内にすべて止まる。そしてそれでも大丈夫ということが明らかになるだろう（足りない分は火力発電などを再稼働させるなどいくらでも方法はあるはずだ）。

ある組織や社会が衰退と滅亡に向かうときに、一つの共通した現象が見られる。それは個々人レベルでは、誰もがおかしいと思っているのに、一部の利権などから社会や組織全体は反対方向に進んでしまう、という現象だ。組織が死に至る病、と言っていい。利権のある人も胸に手を当てて考えてほしい。本当は原発は危険だとわかっているはずだ。止めたほうがいいとわかっているはずだ。

津波で1万9000人以上の人が亡くなる悲惨すぎる出来事が起きたが、福島はそれに加えて、放射能によって未来の希望までもが奪われてしまった。

――僕たちはいったい何のために生きているのだろうか？

ミクロに見れば、利権を守り、目先の利益を得ることは家族のためになる。しかし、マクロに見て、子どもたちにこれ以上の負の遺産を残すことは誰のためにもならないのではないだろうか？

ここでまた、震災後初めて書いた２０１１年3月17日の「西條剛央のブログ」から引用してみる。

大丈夫。

日本は必ずこれを乗り越えてより成熟した社会になる。世界でも一段飛び抜けた国になれるはずだ。

この凄惨な経験を肯定することは決してできないけども、近い将来に、そうした犠牲があったからこそ僕らはこういう社会になれた、と思うことはできる。

それが僕らが目指すべき未来なのだ。

自分の心に嘘をつかずに、できることをしていくだけで、僕らは前に進むことができる。

組織の一員として積極的に声をあげることのできない人も、ツイッターでそっとリツイートして背中を押す、それだけで、社会は変えられるのだ。

特別なことは必要ない。

本当は絶対によくないと思っていることはせず、こうすれば社会はよくなるのにと思っていることをするだけで、僕らは確実に幸せな社会に近づいていくことができる。

いま、まさにそうしているように。

おわりに——僕の声が君に届けば

本書は、ボランティアをしたこともない僕が、震災をきっかけにたった2人でプロジェクトを立ち上げ、それが日本最大級のプロジェクトへと発展していく過程と仕組みを描いたものである。

この本を書き上げてから去来したのは、「なぜこんな本を書いたのだろう?」という〝不思議さ〟だった。

「こんな本」と言うと語弊がある。この本が、読者にどう受け取られるかはわからないが、自分なりにはよい本になったという確かな手応えのようなものはあるし、たまたま2011年には初めての一般書を出そうと思っていたところだった。書き上げてみるとこういう本が書きたかったのだ、という気もする。

——しかし、それにしても、なぜ、僕はこの本を書くことになったのだろう?

それは、1000年に一度と言われる大震災がたまたま故郷で起きて、父の思いつきでたまたま南三陸町に行くことになり、最初に車を止めており立ったところで、偶然三浦さんと出会い、翌日プロジェクトを立ち上げたら、たまたまうまくいって、振り返ったら日本最大級のボランティアプロジェクトを運営することになっていたからだ。

だから、この本を書くことになった。

そうだ。それは間違いない。

だが、それにしても、どうも腑に落ちない点がある。

――果たして、これほどまでの奇遇が重なるなどということは、たまたま偶然起こるものなのだろうか？

そう考えてみると、忘却の霧の彼方に消え去っていたいくつかの思い出が、ランダムに並んでいる星たちがある瞬間星座になるように、浮かび上がってくる。

小学校の頃、夏になると、仙台の実家の近所では「カケス祭」というお祭りが開かれていた。

祭りの日はわくわくする思いでいっぱいで、地区ごとの子ども会で御神輿をつくって練り歩くと、所々でアイスやらスイカやらがもらえたり、バザーではマンガやらおもちゃやら思い思いの物が、20円、30円といった小学生でも買えるような値段で売られていた。

そこで僕は、1冊の本を見つけたのである。タイトルはすっかり忘れてしまったが、「いつか来る巨大地震に備えるための本」といった内容の厚めの本だった。

子どものために売られている本ではなかったが、僕はその本は買わなければいけないと思い、なけなしのお小遣いからその本を買って、すぐに家に持ち帰った。

では、なぜ、そんな本に興味を持ったのか？

4歳の頃だ。窓からはオレンジ色の日差しが斜めに差し込んでいた。茶の間には父と母がいて、幼稚園から帰ってきたばかりの兄は、おもちゃの電車を手にしていた。

そのとき、突如ドンと下から突き上げられたかと思うと、家全体がガタガタと音を立てて大きく揺れ始めた。

食器などが落ちて壊れ始める。

引きずられるように玄関まで行き、律儀に靴を履こうとしたところを、「そんなのいいから！」と母に引っ張られて、外に飛び出した。

それが1978年に起きた「宮城県沖地震」（仙台などで震度5、マグニチュード7・4）だった。

直下型の巨大地震によってブロック塀などが崩れ、死者28名、負傷者1万名余り、建物の全半壊7400戸などの甚大な被害が出た。実家のブロック塀も崩れ、当時少し離れたところにあった店の中は、あらゆる物が壊れ、壁には大きな亀裂が入っていた。

その経験は、戦慄とともに幼い僕の身体に刻み込まれた。小さい頃の記憶はほとんど残っていない中で、当時のことだけはいまも映画のフィルムのような鮮明さで蘇ってくる。

それから揺れるたびに、またあの地震が来るのでは、という思いにかられた。だから、いつか必ず起きるであろう大地震に備えておかなければならないと、10歳の頃に、お祭りで出会ったその本を手に入れたのだった。

家に帰ると、その本の中でも特に役立ちそうなところをノートに書き出していった。ポリタンクを使って泥水から飲み水をつくる方法や、マッチの先端の部分にロウを垂らしておくことで防水加工できるといった細かいことまで、図解入りでまとめていったのだ。

いま思えば、これは、**僕の人生における最初の「研究」**だったのかもしれない。

そのうえでさらに、ペンライトやアーミーナイフ、自作した防水マッチ等々、これだけ持って逃げれば大丈夫といった物を、ガンダムのプラモデルの箱に詰め込んで、来る日に備えていた。

その後も、地震はときどきガタガタと音を立ててやってきた。

そのたびに、「これ以上強く揺れたらどうしよう」と不安にかられたが、それ以上揺れが大きくなることはなかった。

中学の頃だろうか、そういう経験を積み重ねていくうちに、いちいち怖がるのがバカらしくなってきた。そのうち、寝ているときに地震が起きても、「これ以上揺れるものなら揺れてみろ」と思いながら寝続けるようになった。

そうこうしているうちに、防災セットは失われ、そのノートもどこかにいってしまった（どこかにあるはずだが見つからなかった）。恐ろしい経験もこうして忘れ去られていくのかもしれない。

その意味では、今回この本を書いたことで、忘却の彼方にあった最初の研究の続きを、27年ぶりに形にできたと言っていい。そう考えると、この本はたまたま書いたというよりは、原点回帰しただけなのかもしれなかった。

ところで、つい先日、母から「一応」という題名のメールが4人兄妹宛に送られてきた。

「この間お父さんと話して気づいたんだけども。亡き繁おじいさんの父親は南三陸町の出身で、そのお父さんは村長をやっていたの。その次男か三男で、ひいおばあちゃんのところに婿として入ったのよ。この機会でないと忘れるから一応伝えておくね」

要するに、すっかり忘れていたし、伝えていなかったけど、あなたたち兄妹のひいおじいさんは南三陸町出身なのよ、ということだった。さらに、そのお父さんは村長をしていたという。

まったくの寝耳に水だった。

ということは、たまたま南三陸町に行ったと思っていたが（「ほぼ日」の糸井さんとの対談でもそう言っていた）、そうではなく、自分のルーツであり、先祖が暮らしていたところに真っ先に行ったということになる。行き先を決めた父もそれを意識していたということはなく（何しろつい今しがたまで、忘れていたのだから）、「南三陸町が一番ひどそうだから」というくらいの理由にすぎなかった。

そのメールを受け取ってからすぐに電話をすると、母は「きっと呼ばれたんだわね～」とあっけらかんと言った。

そんな重要な情報をなぜ震災からこんなに時間が経つまで思い出さなかったんだと思っ

たが、両親は元々そういうことに無頓着であった。

その後、先祖が住んでいた家には、父の弟（おじさん）が行ったことがあるというので確認してもらったが、先祖の家（のあったところ）は海岸近くにあり、津波ですっかり流されてしまっていた。

ということになると、たまたま南三陸町に行って、たまたまプロジェクトを立ち上げたのではないのかもしれない。


——だとしたら、何だというのだろう？

必然だというのか。

もしそうだとしたら、それは何を意味するのだろう？


プロジェクトを立ち上げる前まで、研究室の僕の机の隣では、新進気鋭の教育哲学者である苫野一徳君（日本学術振興会特別研究員）が研究していた。若き才能が開花していく姿を見ているのは愉しいので、研究する場所を提供していたのだ。

しかし、「ふんばろう」が立ち上がると、博士論文を書き上げている真っ最中にもかかわらず、彼はプロジェクトのために、と自主的に机をあけてくれた。騒がしくなった僕の回りでは執筆に集中もできないだろうと思い、その気持ちを素直に受け取ることにした。

ある日、彼は自分の本を持って引き上げていくときに、「いやあ、こういうことってあるんですね。もう西條さんがやるしかないというくらいに、すべてのお膳立てというか、条件が整っていましたよね」と言った。

確かに――、そうかもしれない。

「構造構成主義」という原理的哲学を体系化していたため、未曾有の震災や、変化し続ける被災地の状況に対応することができた。大学院時代、「次世代人間科学研究会」という学問分野の壁を越えた300人以上の研究会を主宰していたこと、そして領域横断理論である構造構成主義の学術誌を編集していたことにより、機能を最大化するための組織運営のノウハウは自分の中でできていたし、また専門領域を越えた強力なネットワークができていた（どうしても通常は単一学問内部での専門性になってしまう）。

早稲田大学大学院のMBA課程の専任講師になってからは、組織心理学を教え、様々な企業や経営者とのつながりができていた。一事例からでも問題の構造を捉え、対策を打ち出していくことが可能な「質的研究法」の専門家でもあったことも幸いした。何よりも「ふんばろう」を立ち上げたとき、MBAの授業の学生たちが協力してくれたおかげで組織を軌道に乗せることができた。

そして、震災の1年前に、妻と結婚したことにより、やたらと話が合う人たちという意味での〝人脈〟も一気に2倍になっていた。「さかなのみうら」さんとつなげてくれた松前兼一さんは当時の妻が働いていた会社の社長だったし、本書の編集担当となるダイヤモンド社の副編集長である寺田庸二さんを紹介してくれたのも松前さんだ。また、立ち上げた翌日にフォロワーが1時間に1000人単位で増え続けるトリガーとなった津田大介さんは、妻が勤めていた会社の元上司である神谷俊介さんの紹介で友だちとなった加賀谷友典さんがつなげてくれたのだった（2人も「ふんばろう」立ち上げの当初、ロゴの募集と選定などで尽力してくれた）。

また、一緒に「ふんばろう」を立ち上げることになる北川貴英さんの紹介により、若林さんが室長を務めるアシル治療室で施術してもらっているまさにそのとき、あの震災に遭遇する。その後、カリスマ鍼灸師で名高い若林さんと岡田さんは、僕のボロボロになった身体を定期的に〝修理〟してくれた。震災をその治療室で迎えていなければ、僕は間違いなくどこかで倒れていたに違いない。

これだけ多岐にわたる諸条件の重なりの真ん中にいたことによって、このプロジェクトが生まれ、成長させていくことができたと言っていい。

ここでもう一度問うてみる。

――果たして、これほどまでの奇遇が重なるなどということが、たまたま偶然起こったと考えてよいのだろうか？　そもそも、偶然や必然とは、何を意味しているのだろうか？

こうした場合、構造構成主義的には、どちらが本当かと問いを立てるのではなく、「どういう条件が揃ったときに、偶然と思うのか、あるいは必然と確信されるのか？（確信構造が構成されるのか？）」と問いを立てることになる。

――では、どのような条件が重なったときに、これは必然に違いないと思わざるをえなくなるのだろうか？

あなたが目の前にある顕微鏡を覗くと、精巧で緻密な構造からなる雪の結晶がいくつも見えたとする。その構造はたまたま偶然できたと思うだろうか？

おそらく、「これだけ緻密な構造が同じように偶然できるはずはない、何らかのそうなる必然性があってできたはずだ」と思うだろう。

また、偶然には起こりえないようなことが連鎖したときに、「これだけのことが起こるのは確率論的にありえないから何らかのそうなる必然性があったはずだ」と考える。

あまりにもよくできているとき、人間はそこに必然を見出すのだ。

――そして、この必然の条件は、僕がプロジェクトを立ち上げ、本書を書き上げるまでの過程にそのまま当てはまる。

そう、あまりにもよくできているのだ。

そのため、「運命」とか「呼ばれた」とか、表現はいろいろありうるが、何らかの必然性があったのかもしれない、と思うようになる。だからこそ、「なぜこんな本を書いてしまったのだろう?」という問いが、一つの謎として立ち現れたのである。

ここまで来て、その謎は、「この本を書いたのは偶然なのか必然なのか、必然だとしたらどんな理由があって、この本を書くことになったのか」というものだったことがわかる。

そして、その答えは母の表現を借りれば、「呼ばれたから」ということになる。

では――、呼ばれたのは、果たして自分だけなのだろうか?

否、であろう。

自分だけが特別に呼ばれたと考えるのは、確率論的に無理がある。それは全宇宙に地球人しか知的生命体はいないと考えるのが確率論的に無理があるのと同じである。

だとしたら、本書に出てくる人たちだけでなく、第二次世界大戦以来の国家的危機と言われるこの震災に立ち向かった多くの人たちは、何かに導かれるように、「呼ばれた」人たちなのではないか。

――君の助けを必要としている人がたくさんいるよ。

――いまやらなければいつやるんだい？

――いまこそ君の力を発揮するときだよ。

――うまくいくように見守っているよ。

もし、そうだとしたら、東北は、日本は蘇るに違いない。――すでにこれだけ多くの人が何かに「呼ばれて」動いているのだから――。

そして本書を読んで、少しでも心が動いたあなたも、何かに呼ばれているのかもしれない。あなたがその心の声に耳を傾ける機会になれたなら、本当にうれしい。

◉謝辞

「ふんばろう」を支えてくださったすべてのみなさまに感謝申し上げます。本当はこのプロジェクトに関わったすべての方の名前を挙げて感謝の意を表したいのですが、何十ページにもなってしまうので控えさせていただき、具体的な名前を出すのは、特に本書の作成にご尽力いただいた方のみにさせていただきたいと思います。

まずは本プロジェクトを支えてくださった一人ひとりの顔を思い浮かべながら、お礼を述べていきたいと思います。

「ふんばろう」の運営に協力してくれたみなさん、本当にありがとうございます！　プロジェクトや現地支部で活動してくださったスタッフのみなさん、Ｗｅｂや会計、翻訳、ＥＣサイト等々のチーム（班）の一員として連日連夜作業してくださったみなさん、また後方支援支部として遠方から支えてくださったメンバーのみなさんに、心より感謝申し上げます。

また、「ふんばろう」を通じて支援物資を送ってくださった全国の有志のみなさま、支援金やマッチングサイトにてご支援いただいたみなさまに心より御礼申し上げます。

ツイッターやフェイスブック、チラシなどで「ふんばろう」の活動を広めてくださったみなさま、様々な壁を越えて、ただただ被災された方々のことを想い、協力してくださった企業関係者や政治家、各自治体行政のみなさまにも深く感謝いたします。

◉本書成立に関する謝辞

本書の前半は、記憶が確かなうちにと、2011年夏までに書いたものに加筆修正したものです（その際、当時のツイッターの内容やユーストリームのアーカイブ、ビデオなどは記録として大変役立ちました）。

後半は、年末年始にホテルに缶詰になって一気に書き上げたものです。

本書は事実に基づいていますが、「ふんばろう」の活動を通じて構造構成主義の考え方を伝えるという目的のもと、僕の観点から執筆したものです。したがって、本書に書かれている内容に関する責任はすべて僕にあります。

本書の第5章は「ほぼ日刊イトイ新聞」に掲載された「西條剛央さんの、すんごいアイディア。」と、それを収録した『できることをしよう。』（新潮社）の対談の一部を引用しつつ、僕の視点から再編したものです。使用に際して快諾していただいた糸井重里さんと新潮社のみなさまに感謝申し上げます。

さらにタイトな日程にもかかわらず、糸井重里さんには素敵な帯コピーをいただきました。本当にありがとうございました。

そして、装丁家の水戸部功さんにも数日という厳しい日程にもかかわらず、素晴らしい装丁をしていただき、さらに装丁代を「ふんばろう」の活動にご寄付いただけるというお申出をいただきました。重ねて御礼申し上げます。

また本書の校正にあたり、門松宏明さん、小久保よしのさん、平島武文さん、中田幸介さん、渡辺一雄さん、中根冬貴さん、長尾実佐子さん、白川雅敏さん、本多綾子さん、荒川泉さん、安川緑さん、高田正之さん、柴崎朋実さん、堀野恵子さん、西野暁代さん、竹内朔さんをはじめとする「ふんばろう」のボランティア校正チームのみなさんには大変的確な多数のご指摘をいただきました。ここに記して感謝いたします。

そして、尋常ならざるタイトな日程の中、校正の際の膨大な修正を、社員総出で行ってくださった有限会社ムーブのみなさんにも心より感謝申し上げます。

ダイヤモンド社の寺田庸二さんには、忙しさにかまけてさぼりがちな著者を叱咤激励し、ぐいぐいと引っ張っていただきました。おかげさまでこれ以上ないという形で本書を世に出すことができたと思います。本当にありがとうございました。

また、売上の一部を「ふんばろう」の活動に寄付してくださるとのご決断をしてくださったダイヤモンド社のみなさまにも深く御礼申し上げます。

最後に、激流に飲み込まれてしまった日々を支えてくれた妻と家族に感謝します。本当にありがとう。

２０１２年１月

「ふんばろう東日本支援プロジェクト」代表
早稲田大学大学院（ＭＢＡ）専任講師

西條　剛央

引用文献

【第2章】

・読売新聞（2011年4月21日）

【第5章】

・第5章は、新潮社と「ほぼ日」の許諾を得て、以下の著書の「西條剛央さんの、すんごいアイディア。」の部分の一部を引用させていただきつつ、著者の視点から再構成するというスタイルを採った。

・糸井重里＋ほぼ日刊イトイ新聞著『できることをしよう。』（新潮社、2011年）

【第6章】

・P・F・ドラッカー著、上田惇生訳『〔新訳〕現代の経営（上）』（ダイヤモンド社、1996年）

・P・F・ドラッカー著、上田惇生訳『マネジメント【エッセンシャル版】』（ダイヤモンド社、2001年）

・西條剛央『構造構成的組織心理学の構想――人はなぜ不合理な行動をするのか？』（「早稲田国際経営研究42」99〜113ページ、2011年→この論文は論文名で検索すれば、インターネット上でも無料で閲覧可能）。

【第7章】

・糸井重里＋ほぼ日刊イトイ新聞著『できることをしよう。』〈木川眞&糸井重里対談「クロネコヤマトのDNA。」〉（新潮社、2011年）

・池田清彦著『構造主義と進化論』（海鳴社、1989年）

【第8章】

・MSN産経ニュース（2011年12月25日）

・日刊ゲンダイ（2011年12月26日）

参考文献

本書は、一般向けにわかりやすく書くことを目的としたため、構造構成主義に関する引用は最小限にとどめた。構造構成主義に関心がある方は、次の書籍を参照していただければと思う（公刊順）。

- 池田清彦著『構造主義科学論の冒険』（講談社、１９９８年）
- 西條剛央著『母子間の抱きの人間科学的研究――ダイナミック・システムズ・アプローチの適用』（北大路書房、２００４年）
- 西條剛央著『構造構成主義とは何か――次世代人間科学の原理』（北大路書房、２００５年）
- 西條剛央編著『構造構成的発達研究法の理論と実践――縦断研究法の体系化に向けて』（北大路書房、２００５年）
- 池田清彦＋西條剛央著『科学の剣　哲学の魔法――構造主義科学論から構造構成主義への継承』（北大路書房、２００６年）
- 北村英哉著『なぜ心理学をするのか――心理学への案内』（北大路書房、２００６年）
- 西條剛央著『ライブ講義・質的研究とは何か――ＳＣＱＲＭベーシック編』（新曜社、２００７年）
- 西條剛央＋京極真＋池田清彦編著『現代思想のレボリューション――構造構成主義研究１』（北大路書房、２００７年）
- 西條剛央＋菅村玄二＋斎藤清二＋京極真＋荒川歩＋松嶋秀明＋黒須正明＋無藤隆＋荘島宏二郎＋山森光陽＋鈴木平＋岡本拡子＋清水武編著『エマージェンス人間科学――理論・方法・実践とその間から』（北大路書房、２００７年）
- 西條剛央＋京極真＋池田清彦編著『構造構成主義の展開――21世紀の思想のあり方（現代のエスプリNo.475）』（至文堂、２００７年）
- 西條剛央著『ライブ講義・質的研究とは何か――ＳＣＱＲＭアドバンス編』（新曜社、２００８年）
- 西條剛央＋京極真＋池田清彦編著『信念対立の克服をどう考えるか――構造構成主義研究２』（北大路書房、２００８年）
- 西條剛央著『看護研究で迷わないための超入門講座――研究以前のモンダイ』（医学書院、２００９年）
- 岩田健太郎著『感染症は実在しない――構造構成的感染症学』（北大路書房、２００９年）
- 西條剛央＋京極真＋池田清彦編著『なぜいま医療でメタ理論なのか――構造構成主義研究３』（北大路書房、２００９年）
- 西條剛央＋京極真＋池田清彦編著『持続可能な社会をどう構想するか――構造構成主義研究４』（北大路書房、２０１０年）
- 京極真著『作業療法士のための非構成的評価トレーニングブック――４条件メソッド』（誠信書房、２０１０年）
- 西條剛央＋京極真＋池田清彦編著『よい教育とは何か――構造構成主義研究５』（北大路書房、２０１１年）
- 京極真著『医療関係者のための信念対立解明アプローチ――コミュニケーション・スキル入門』（誠信書房、２０１１年）
- 苫野一徳著『どのような教育が「よい」教育か』（講談社、２０１１年）

なお、文献は、右記の書籍以外にも２００本以上公刊されている（「構造構成主義に関する文献リスト」でインターネットで検索）。

[著者]
西條 剛央（さいじょう・たけお）

早稲田大学大学院（MBA）専任講師（専門は、心理学と哲学）。「ふんばろう東日本支援プロジェクト」代表。

1974年、宮城県仙台市生まれ。早稲田大学大学院で博士号（人間科学）取得。「構造構成主義」という独自のメタ理論を創唱。この理論を用い、「ふんばろう東日本支援プロジェクト」を立ち上げ、ボランティア未経験ながら日本最大級のボランティア・プロジェクトへと成長させる。

「物資支援プロジェクト」では、2012年1月時点で3000か所以上の避難所、仮設住宅等に、15万5000品目に及ぶ物資を支援。また、アマゾンの「ほしい物リスト」を援用することで2万4000個以上の支援を実現。さらに岐阜県、愛知県、宮城県、福島県、大分県、大阪市、仙台市、横浜市で行き場をなくした10tトラック40台分以上もの膨大な物資を被災者へマッチング。「家電プロジェクト」では、行政や日本赤十字社の支援が受けられない個人避難宅をはじめ、2万5000世帯以上に家電を送った。その他、自立支援を目的とした「重機免許取得プロジェクト」「ミシンでお仕事プロジェクト」など様々な支援を始動し、継続中。


【ツイッター】

@saijotakeo

本書の印税全額と、ダイヤモンド社の売上の一部を「ふんばろう東日本支援プロジェクト」を中心とする東日本大震災の復興支援活動に寄付させていただきます。寄付の使途についての詳細は「ふんばろう東日本支援プロジェクト」ホームページをご覧ください。
http://fumbaro.org/

ふんばろう東日本支援プロジェクトでは、支援活動を持続するため、毎月一口1000円からの定額寄付を募る「ふんばろうサポータークラブ」が発足しました。誰でも簡単にできる支援がここにあります。復興支援にご関心のある方は、ぜひ「ふんばろうサポータークラブ」へお問い合わせください（「ふんばろうサポーター」で検索）。企業や自治体、団体からの寄付も受け付けております。

人を助けるすんごい仕組み
——ボランティア経験のない僕が、日本最大級の支援組織をどうつくったのか

2012年２月16日　第１刷発行
2012年２月28日　第２刷発行

著　者 ———— 西條剛央
発行所 ———— ダイヤモンド社
〒150-8409　東京都渋谷区神宮前6-12-17
http://www.diamond.co.jp/
電話／03·5778·7234（編集）　03·5778·7240（販売）

装　丁 ———— 水戸部 功
本文デザイン・DTP — 新田由起子（ムーブ）
製作進行 ———— ダイヤモンド・グラフィック社
印　刷 ———— 堀内印刷所（本文）・慶昌堂印刷（カバー）
製　本 ———— ブックアート
編集担当 ———— 寺田 庸二

ISBN 978-4-478-01797-5